〔新装版〕

思うまま

松下幸之助

PHP

新装版　まえがき

弊社創設者の松下幸之助が亡くなって、二十年以上がたちました。近年では、単に〝経営の達人〟としてだけでなく、〝人生の達人〟としての松下に注目が集まっているように感じられます。

本書は、今なお多くの方がたにご愛読いただいている『道をひらく』『続・道をひらく』とあわせて、松下が人生の感懐をつづった、いわば三部作にあたります。このほど本書を、他の二作にならって読みやすい〝読みきり〟型に本文デザインを変えるとともに、時代的に古さを感じさせる部分を整理して、装いも新たに世に送ることにいたしました。

本書が皆さまのよりよき人生の一助となりますなら、幸いに存じます。

平成二十二年六月

ＰＨＰ研究所

まえがき（旧版）

先年、多くの方がたのご要望もあって、月刊誌『ＰＨＰ』の裏表紙に毎号書きつづってきている小文を、『道をひらく』としてまとめたところ、思いがけずも三百五十万を超える方がたのご愛読をいただいた。そしてその後、同じく『ＰＨＰ』誌所載の「思うまま―身辺雑話」についてもまた、一冊の本にしてはとのおすすめがあって、このほど二百四十九篇を選んで加筆補正したものが本書である。

内容はいずれも、文字どおり、そのときどきの思うままを書きとどめたものにすぎないが、その一篇一篇に、私なりに、人びとの幸せを願う思いを多少とも込めたつもりである。前著同様、いささかなりともご参考になるならば望外の幸せである。

昭和四十六年一月

［新装版］思うまま

目次

心を鍛える

はつらつと生きる

道を定める

生かしあう

人生を味わう

仕事に学ぶ

商売にはげむ

事業を伸ばす

ともに歩む

あすを築く

政治を大事にする

日本を考える

この作品は、一九七一年一月にＰＨＰ研究所より刊行された。

心を鍛える

自主的な熱意を

昔は、自分で大いに学びたいと考えても、そのための適切な機関というものがきわめて乏しかった。しかしその中でも、困難をのり越えつつみずから研鑽《けんさん》し、優秀なものを生み出した人も数多くある。

たとえば発明王といわれるエジソンもその一人で、彼にはだれも教えてくれる人がいなかったが、自分でいろいろと事物を観察し、そこに指導者を見出したという。〝心して事物を見てゆけば、万物ことごとくわが師たらざるはなし〟である。

その点、今日はまことに恵まれており、学ぼうと思えば、その機会は容易に得られる。あとはその人の志次第ということではないだろうか。

喜んで聞く

自分の欠点というものは、自分では気がつきにくいし、また気がついても進んでそれを改めることはなかなかむずかしい。しかし、他人から何べんも指摘され注意されるならば、その欠点に気づくし、それがだんだんと直ってくるのではないだろうか。ただ、他人に注意してもらえるかどうかは、自分の態度なり心構え如何《いかん》によって変わってくる。もし、欠点を指摘されて腹を立てたり不機嫌《ふきげん》になったりするならば、人は陰で言うだけで、本人には直接注意してはくれないようになるだろう。それでは、結局自分の進歩も成長も止まってしまう。

むずかしいことではあろうが、お互いに他人の注意は喜んで聞くという気持ちをもちたいものだと思う。

心の成長こそ

人間の肉体の成長というものは、ある時期が来ると自然に止まってしまうものであろう。しかし、心の働きだけは、その人の心がけ次第でいくらでも伸びてゆくものだと思う。

そういう心の面から見るならば、いくら年が若くても、心の働きが鈍ってしまったような人は、もう老人と何の変わりもない。けれども反対に、どれほど年をとっても、月日とともにますます心がはつらつとして、豊かな判断力を備え、あふれるような希望にみちて精神が躍動していたならば、その人は常に若く、それなりに伸びてゆくと思うのである。

そういった心の成長こそが、人間としてのほんとうの成長だとはいえまいか。

融通無礙の自在さ

一つの思想で一切のことを律しようとすれば、必ず無理が起こる。だからわれわれはいろいろな思想を取り入れ、自分のものにしてゆくことが肝要であろう。一つにとらわれることなく、すべてを調和させてゆくといった、融通無礙《ゆうずうむげ》の自在さをもつことが望ましいと思う。

ダムのように

お釈迦《しゃか》さまは〝人を見て法を説け〟と言われたそうだが、人を見て言うべきことを変えるのは、よほどの知識、体験と余裕がなければできるものではない。

われわれ凡人は、お釈迦さまには及ぶべくもないが、しかし、凡人は凡人なりに、あたかもダムに水をたくわえるように、常に知識と体験を積みつつ、心の余裕を養ってゆくことが大切なのではないだろうか。

自問自答

処世の道はいろいろあろうが、〝たえず自問自答する〟ということが非常に大切ではないかと思う。

何をするにしても、自分にそれにふさわしい力が備わっていなければ失敗する。だから、自分というものをよく見つめて、自問自答をくり返し、そして自分の力を知って無理のない姿で事を進めてゆく。

そこから、失敗も少ない、好ましい歩みが生まれてくるのではないかと思うのである。

物の価値

紙一枚を見ても、これとまったく同一の紙は世界にこの一枚しかないのだと考えて大切にする人と、こんな紙ぐらいいくらでもあるわいと粗末にする人とでは、どちらが人間として好ましいであろうか。

同じ物に対しても、その価値のつかみ方、認識の如何《いかん》で、われわれの人生すらも変わってくるとも考えられよう。そういうところにも、人生の一つのポイントがあることを心したいものだと思う。

誤解されたら

誤解ということはよくあることだが、だれしも誤解されることを好むものではない。だから、それを解こうとするのは当然といえば当然だろう。しかし、より大切なのは、誤解されたということについて自分自身反省してみることだと思う。というのは、ほんとうに正しいことであれば、一部の人は誤解しても、より多くの人はそれを認めてくれる。それが世の中というものであろう。

そう考えれば、誤解されたからといって、必要以上に心をわずらわすよりも、これをみずからの反省の機会としたほうがよいといえよう。

自分で自分を

私はよく若い人たちに、信念をもてとか使命感をもって仕事をせよとか言うのであるが、私自身どうかというと、別に人よりも強い信念や使命感を常にもっているわけではない。むしろ、ともすればくじけそうになるし、またときに煩悶《はんもん》もはげしいものがある。

しかし、そういう弱いといえば弱い自分ではあるが、また心をとり直し、勇気をふるい起こして若い人たちにも言うのである。そしてそのことによって、私自身も、その信念を自分のものとしてより強固にしていっているといえる。信念とか使命感といったものは、終始一貫してもち続けることはなかなかむずかしいものである。たえず自分自身をはげましていなければならない。

人間の値打ち

自分の利益のみ、物欲のみ、本能のみに生きているという自分本位の姿では、これは動物と同じである。人間が、単に知識ある動物に成り下がってはいけないと思う。

人間というものは、場合によっては自分の欲望を節してでも他のために働きうるという面を、ある程度もっているはずである。あらゆる点にということでなくとも、事柄によってはそういうことをなしうるというところに、人間としての値打ちがあるのではないだろうか。

見直してみる

世の中には、他の人から見ればまことに結構な身分でありながら、自分では不幸だ不幸だと思っている人が案外多いようだ。本人はつきつめて真剣に考えた上でそう感じているのだろうけれども、それはやはり、心が先細りになっているというか、狭い視野からしかものを見ない、いわゆる心の貧しさという面があるからではなかろうか。

いろいろな角度からいろいろな見方に立って、自分の生活をもう一度見直してみるのも有意義なことだと思う。

豊かな心

一人の人間が生かされてゆくためには、直接間接に多くの人びとの協力、助力がいる。つまり、われわれが今日こうして生きていられるのは、自分一人の力ではない、世の多くの人びとのおかげがあればこそである。

それに気づいて感謝の心をもつかどうか。それができる人こそ、ほんとうに豊かな心の持ち主といえるであろう。

一瞬の悟りで

今日、物の面は相当豊かになりつつあるが、心の面は必ずしも豊かになりつつあるとはいえないようだ。心の豊かさというものは、なかなか生み出すことがむずかしい。

しかし、考えてみれば、物を豊かにつくり出すには、いろいろと手間もかかるし、時間もかかる。それにくらべると、心をひらいて豊かにするには、一瞬の悟りさえあれば事足りるのではないか。むずかしいことではあろうが、心の豊かさというものは、お互いの心一つで即座に生み出すことができるということを、あらためて考えあいたいものである。

はつらつと生きる

善意に解釈する

若い人びとは今後の人生においていろいろな困難に出会うであろうが、大事なことは、それらをすべて善意に解釈するというか、自分にとってよき修業の過程を与えられたのだと考えることではないかと思う。

そのように考えて、どのような困難にもいたずらにおびえることなく努力を続けるならば、そこからしだいに道がひらけてくるであろうし、その困難自体が自分を育てる一つの糧《かて》ともなってくると思うのである。

若さ

若さとは、常に何ものかを求めている姿をいうのだと思う。自分の仕事の上で、あるいは日常の生活の上で、常に新しいものを求めてゆく、そういう考え方なり態度が若さを生むというか、ある意味ではそれが若さそのものだといってもよいと思う。

年齢がたとえ百歳になったとしても、常に求めるという考え方なり態度を失わないかぎり、若さもまた失われないと思うのである。

孫悟空の如意棒

人間の心というものは、孫悟空の如意棒《にょいぼう》のようなもので、かぎりなく大きくもなり、また反対に小さくもなる伸縮自在のものだと思う。たとえば、恐怖を抱いたり、悲観をした上でものを考えると、心が萎縮《いしゅく》して小さくなり、出すべき知恵、出るべき創意工夫も出ないようになってしまう。

しかし、たとえ非常な困難にぶつかったとしても、〝なにくそ、やればできるのだ〟というように考えて、その困難に人一倍の努力をもって対処してゆけば、心も自然に大きくなってくる。その大きな心からはすぐれた創意工夫も生まれやすく、そこからその困難をのり越えることも可能になってくるであろう。

人間を学ぶ

学校を出て会社に入っても、ただ単に自分に与えられた仕事のみをやっていればよいと考えて毎日を過ごしていたならば、そこにあまり楽しさを感じることもないだろうし、また物事を見る視野もかぎられてしまう。

それでは、どうすればよいのだろうか。一つには、会社というものを、人間なり人生について教わる学校であると考えてみたらどうかと思う。この学校にはいろいろな人間がいて、さまざまな人生模様がくり広げられている。学ばねばならないことは無限に出てくる。

そう考えれば、人間を学び、人生を探究するために、何でも進んで取り組もう、吸収してゆこう、そういう意欲もわいて、日々の楽しさも生まれてくるのではなかろうか。

その日のうちに

どういう仕事をするにしても、今日はスピード時代であり、物事が時々刻々に移り変わっているということをよく自覚していなければならないと思う。さもないとよい考えでも、実行に移そうと考えているうちに周囲の情勢が一変して時機を失するということにもなりかねない。

きょう考えたことは、すべてその日のうちに実行するというぐらいの心構えをもつことも一面に必要であろう。

必要以上の規則

われわれは規則というものを定めてお互いの秩序を保ち、住みよい社会をつくろうとしている。そのことは非常に大事であろう。

しかし〝角《つの》を矯《た》めて牛を殺す〟ということばもある。規則が必要だからといって、あまりに多くの規則をつくって、がんじがらめにしばってしまうとかえって息苦しくなり、お互いの自主性も損なわれてしまうことになりかねない。そういうことでは、伸び伸びとした生活や活動ができなくなってしまうのではないだろうか。

人間は人間

ともするとわれわれは、人間を理想化して神のように考えたり、反対に動物のように見て事を処理しやすい。けれども、人間は神でもなければ動物でもない。あくまで人間なのである。

したがってわれわれは、この人間の本質というものを素直に見て、それに立脚しつつ、政治、経済、教育など一切の社会活動を行なってゆくことが大切であろう。さもなければ人間みずからをいたずらに苦しめることになってしまうと思う。

立ち話の会議

最近のようにテンポの速い世の中では、何事でもよほどスピーディーに運ばないことには、うまくゆかない場合が多い。

会社における会議一つにしても、みんなが集まって腰をおろし、お茶を飲んでからおもむろに甲論乙駁《こうろんおつばく》ということをやっていたのでは、極端にいえば、結論が出たときにはもう世の中が変わってしまっているということにもなりかねない。だから、立ち話で会議をして即決する。しかもそれでも事態は刻々に変わりつつあるから、その立ち話の会議を情況の変化に応じて何回かくり返す。それぐらいの心構えというものを一面にもつことも大事だと思う。

意欲

人間、何をやるにしても、ひとつやってやろうという意欲がなくてはならない。

たとえば、そば屋さんでも、ひとつおいしいそばをつくってお客さんに喜んでもらおうという意欲をもつことが大切だと思う。そうすればどうなるか。十軒のそば屋でも皆、味が違うもの。ここはうまいと評判のそば屋へ行って自分で食べてみる。ご主人につくり方のコツを熱心に頼んで教えてもらう。そして、あとは自分でやってみる。

どの道でも、事の成否は一つには、その人の意欲にかかっているといえよう。

実行してゆく

どんなに大きなよい望みでも、工夫、努力が伴わなければ、しょせんは小人の大言壮語に終わってしまうだろう。たとえ望みは小さくとも、勇気と決断力をもってこれを実行していってこそ、その望みが実現できるのだと思う。

もちろん望みは大きくてよい。ただその望みを実現するためには、どんな小さなことにも工夫、努力を重ね、地道に一つひとつ実行してゆくことが大切なのである。

人間の妙味

人間のすることに完璧《かんぺき》ということはない。それは神ならぬ身の人間にとっては、しょせん無理なことであろう。

だから、何事をする場合にも、人一倍熱心にやるというか、全力をあげて行うことは大事だとしても、それによって九〇パーセントほどのことがうまくできれば、まずそれで結構なのだと思う。あと一〇パーセントくらい足りないというところにこそ、人間としての言うに言われぬ妙味があるのではないだろうか。

素直な認識

何事によらず、困難に直面したときにまず大切なことは、大きな勇気をもってその困難の実情なり、困難の生じた原因なりを、私心を入れずありのままによく認識、反省することだと思う。それをせずして、事実というものを正しく知らないままにいくら対策を講じても、それは適切なものとはなりにくいであろう。

やはり、事実に対する認識が素直にできてはじめて、困難に対処する正しい方策を考え出すことも可能になるのではなかろうか。

人間を中心に

物事を考える場合に、人間というものを基本というか中心に考えることが大切だと思う。政治でも、政治のために人間があるというようなことではいけない。あくまで人間のために政治があるのであって、学問もまたしかり。その他、経済にしても、教育、宗教、法律などにしても、本来一切のものが人間のために存在するのだということを忘れてはいけない。

これまでの歴史においては、ともすれば、それが逆になり、そのために人間がみずから不幸に陥るという姿がしばしば生まれたのではないだろうか。

小田原評定

議論をするということは、非常に大事なことだと思うが、しかし、議論をしたら何らかの結論を出さねばならない。さらには、その結論に基づいてなすべきことを実行しなければならない。

もし、そういう結論や実行がなかったならば、たとえ百の議論をしてもそれはいわゆる小田原評定《おだわらひょうじょう》であって、貴重な時間をいたずらに空費したことになってしまうのではなかろうか。

決め込まないで

「今まで何度もやってみたんだが、それはダメなんだ」と決め込んでいることが、われわれの身の回りには意外に多いと思う。

何度やってもダメなことは、もうそれ以上やってもしかたがないといえばそれまでだが、ときには、もう一度最初にもどって、純粋な疑問、純粋な考え、思いつき、というものをもってみたい。そして、それを大切にし、育ててゆけば、あるいは思いがけない道がひらけ、まったく新しいものを生み出すこともできるのではないかと思うのである。

砂糖の甘さ

〝百聞は一見にしかず〟というが、〝百聞百見は一験にしかず〟ともいえる。

砂糖の甘さはなめてみないとわからないし、畳の上の水練ではいざというときには役に立たない。実地に体験してみるということが実に大切なことだと思う。

進歩は無限

文化の進歩は、人類の続くかぎり、日に日に生み出されてゆくものだ。われわれは個人的には百年の寿命をもなかなか保てないけれども、人類は永遠である。人類が続くかぎり、進歩は無限である。

このように解釈して、その永遠に続く進歩の一コマを自分が担ってゆくのだと考えれば、お互いの人生もより楽しいものになり、その尊い一コマの進歩に取り組んでゆこうという意欲も出てくるのではなかろうか。

改良

ある一つの物を改良する場合、全面的に改良できることはほとんどないと思う。ある点は改良できるとしても、改良することによって起こる欠点が必ずあるものだ。

そのことを十分認識した上で、たとえばその欠点が三、プラスの面が五というように、プラスの面が大きければ、思い切って実行に移すべきだろう。

人間の心は

人間の心というものはおもしろいものである。ふだんは一貫目（注＝約三・七五キログラム）の荷物を重いと感じることがあっても、火事などのときは十貫目の荷物でも苦にならないという。理論上では一プラス一は二だが、人の心は一プラス一が三になったりゼロになったりすることもあって、数字のように理屈だけではなかなか割り切れない。

だから政治でも経営でも教育でも、その効果をあげるためにはこういう人間の心の複雑さというか、人情の機微をよく心得ていなければならないと思う。

世界と自分

今日、世界の動きは大きく、しかも変転きわまりないものがある。いったいどのような力が働いていてその動きを生み出しているのか。それは何も特別の力が働いているわけでもないと思う。結局のところは、世界の国々の人びとの、その一人ひとりの考えが集まって、そうしてこの世界のいろいろな出来事が起こり、世の中が動いているのであろう。

つまり、われわれ一人ひとりの心の動きというものは、全世界の動きに通じるわけである。日々の生活、活動はすべて、世界につながりをもっていることになる。

このように考えれば、次々に起こる世界の諸問題に対しても、自分なりの関心と責任感というものをもつことが必要なのではないだろうか。

道を定める

自分一人は

馬というものは、一頭のリーダーにゾロゾロとついてゆく習性があって、だから昔から〝一匹狂えば千匹が狂う〟といわれている。だが、これは馬だけでなく、お互いの行動の上にもそんなことがありはしないか。自分たちがいったいどういう歩みをしているのか、自分では考えているつもりでも、それがまだ足りなくて、結果的にはただゾロゾロとついていっているということも、ときにはあるようだ。これでは民主主義は成り立たない。

千人が狂っても、自分一人は狂わない。むずかしいことではあろうが、これくらいの強い信念と正しい判断力をもちたい。そういう人びとが一致協力したら、非常に困難なことでもやりとおす道がひらけてくるのではないだろうか。

素直な心で

事がうまく運ばないときは、一度静かに考え直してみたい。往々にして自分が何かに執《しゅう》していたり、何かにとらわれている場合が多い。たとえ自分が正しいと思うことでも、そのことにとらわれてしまうとどうしても心が狭くなり、判断を誤ることにもなってしまう。

お互いに常に素直な心で事に当たることを心がけたいと思う。

決意

人間の決意というものは、お互いによほど気をつけていないと、たやすくくずれてしまいがちである。一度思いを定めたから、それで、もうまちがいなく十分だというわけにはなかなかゆかない。何度も何度も、自分自身に言い聞かすのでなければ、小さな決心一つすら守れないことも少なくない。

だから一つの決意をしたら、その思いをくり返し自分でかみしめて、そしてそれを毎日の生活の中、働きの中で生かしてゆくことが大切だと思う。

軍師と大将

大将は軍師の言うことを聞いて、取捨選択の判断ができればよいのである。だから軍師は博識でなければならないが、大将は必ずしも博識でなくとも、高い見識があればよいと思う。軍師の言うことをそのまま鵜呑《うの》みにしたのでは、往々にして失敗に結びつきやすいのではないか。

古来、名将といわれた人は、軍師の言うことは聞くが、必ずしもそのとおりにはやらないことも多かったようだ。みずから高い見識に基づいて事を決したのであろう。

知識と知恵と

最近は科学技術が著しく進歩し、便利な機械器具も次々にできている。これは、人間の知識が高まりつつあるということで大いに結構だが、人間の知識が高まれば高まるほど、いわゆる知恵というか、ものを深く考え是非善悪を弁別する心の働きというものが同じように高まらなければならないと思う。

人間が人間であるゆえんは、知恵が知識を正しく活用するところにあると思う。しかるに最近の社会では、知恵が知識に圧倒されてしまっているかのような感がある。広く深い知識をもつことは人間として大事なことだが、その知識をお互い人間のための道具として活用しうる知恵をもつことが、より肝要だと思うのである。

欠点を知って

みんなの前で叱《しか》られることを恥ずかしいと思ってはいけない。みんなが自分の欠点を知ってくれたら、今後は注意してくれるから、次からはまちがいが少なくなるであろう。

大事に至れば

物事がうまく運ばないときに、くよくよするのは人間の常である。しかし、ひとたび事が大事に至ってしまったときには、もうくよくよしないほうがいいと思う。そのような場合には、心を定めるというか、じっと腰を落ちつけて、静かに考えをめぐらす。そして、決断し、実行する。

結局、道はそれしかないのではなかろうか。

常識というもの

私自身、いわば平凡な人生を平凡に歩んできた。なすべきことをなし、なすべからざることをなさないように努めてきた。つまり、きわめて常識的な判断に従って、常識的に日々を過ごしてきた。

しかし、今ふりかえって考えてみると、常識というものは、やはり、多くの真理を含んでいるもののように思われる。

神さまも困る

今日は試験地獄ということで、何とか合格するようにと受験生なりその親なりが、神社に祈願に行く場合が多いようだ。これは人情からすればまことに無理からぬことと思うが、あまりたくさんの人びとが頼みに来ては、神さまのほうも全部聞くわけにはゆかないから、さぞかし困っておられることだろう。

本人に適性があれば進学するのはよいが、その際に、実力以上のところへ入ろうと考えたり、またそのために必要以上に心を悩ませることがあってはいけないようにも思うのだが。

大事小事

小事は損得によって決めてよいし、またそのほうが過《あやま》ちが少ないと思う。しかし大事を決するに当たっては、利害、損得を超越した高い見地に立たねば、事を誤るのではなかろうか。

悪いことは

何か新しいことをした場合、必ずしもよい結果だけが得られるとはかぎらない。だから、もし弊害が出れば断固として廃する覚悟がなければならない。

よいことは残し、悪いことは断固として廃するということは、われわれの仕事や生活の上で非常に大切なことだと思う。

中庸

中庸《ちゅうよう》は徳のあらわれだというが、たしかにそうだと思う。何事においても、一方に偏ってしまっては、その範囲でしか物事の判断ができなくなってしまう。

しかし、左の道へ寄ってみたり、右の道へ寄ってみたりすることは比較的たやすいが、ほんとうの中庸を行くというか、常に正道を歩むということは、なかなか容易ではないだろう。そのためにも、お互い、各自それぞれに、識見と勇気というものを養っておくことが大切だと思う。

病気になれば

人が病気にかかるように、会社も、また国も、ときには病気におかされるというような場合があると思う。そういったときには、個々人であれば薬を飲んだりして治す。しかし、会社や国となると世間体を気にして、飲むべき薬も飲まないでおくという場合も出てくる。つまり、病気にかかっていることを知られたくない、という気持ちが働くのである。

けれども、薬を飲まずにおいたら、一日で治る病気が五日も十日も治らない、というようなことになってしまうかもわからない。だから、会社とか国が、どうも好ましくないというような状態に陥ったと気づいた場合には、やはり体面を気にせず、躊躇《ちゅうちょ》することなく、すぐに治療することが大切だと思う。なすべきときには何でもなさねばならないと思うのである。

模倣

学問にかぎらず、物事を学んでゆく場合、子が親の真似をするように、すべての人びとは最初は模倣から入ってゆくものである。しかし、単なる模倣にとどまらず、それを吸収消化し、ほんとうに自分のものにしてゆけば、何か新たな独自のものを生み出す可能性が出てくる。

師をそのまま模倣するだけでは、師以上の人物にはなれないが、その考えをよく吸収消化してみずからはげんでゆけば、師以上の人物になれるかもしれない。

余裕をもつ

　精神を引き締めて事に処することは非常に大事なことであろう。しかし精神を引き締めるあまり、必要以上に緊張してしまって精神的に疲れを覚え、かえって失敗してしまうということも往々にしてあるようだ。

　だから、そのように精神を引き締めることも必要だが、一面に、もし事が成就《じょうじゅ》しなければ一から出直せばいいのだというような、一つの余裕をもった心境で事に処することもあっていいと思う。

　ときにはこういう心境がかえってよい知恵を生み、成功につながることもあるのではないだろうか。

とらわれない

世の中にはやっぱり理外の理というようなものがあるようだ。素直な心になれば、それがしだいにわかってくる。偏見がないからである。しかし、一つの流儀や学問にとらわれてしまうと、その範疇《はんちゅう》からしか物事が見られず、ものの実相がつかめない場合が多い。だから、いくら知識をもっていても、それにとらわれてしまっては、その知識を真に生かすことができにくいであろう。

知識をもっていて、それにとらわれなければ、それは真に大きな力になると思うのである。

自分自身で

あらゆる動物は生きるために働いている。ツバメにしても、子どものときは親にエサを取ってきてもらうが、大きくなれば自分自身でエサを取りに行かねばならない。

みずから働いて生きてゆくというのが、生きとし生けるものすべてに与えられた自然の摂理というものではないだろうか。

事を始める前に

日常生活で、事、志に反するという場合がよくある。それは多くの場合、事を始める際の自己検討がいまひとつ足りないからではなかろうか。

われわれは自分の実力なり、周囲の情勢について、自分でも十分考えるとともに、人の意見もよく聞き、その上で事を始めることが肝要だと思う。

よきを取り

今日、いわゆる〝封建的〟なものは、すべて好ましからざることのように考えられがちであるが、しかし必ずしもそうとはいえないように思う。封建的といわれるような物事は、長きにわたる人類の知恵の積み重ねによって生まれてきたものであろう。だから、それらの中には、時代の進歩に合わなくなったものもあるだろうが、また反面、常に変わらず好ましいものもあるのではないかと思う。

したがって、封建的なものすべてを否定するというのでなく、よきは取り、悪しきは捨てるという態度で逐次《ちくじ》是正してゆく。そういう姿が、より好ましい進歩につながると思うのである。

西郷隆盛の遺訓

〝国家に功労がある人には禄《ろく》を与えよ。功労があるからといって地位を与えてはならない。地位を与えるにはおのずと地位を与えるにふさわしい見識がなければいけない。功労があるからといって、見識のないものに地位を与えるということは国家崩壊のもとである〟ということを西郷隆盛が言っている。

これは国政についてのことであるが、お互いの会社や団体にもやはり当てはまることではないだろうか。

必要に迫られて

先のことを予測して計画的に物事を推し進めてゆくことは大事である。しかし、すべてがそうでなくてはならないというものではないと思う。ある場合には、計画的に考えずに、必要に迫られて事を運んでゆくという行き方もあっていいのではなかろうか。人は必要に迫られたときに、往々にして案外よい知恵がわいてくるものである。だから、必要に迫られて事を運ぶというのも、それはそれで妙味のあるやり方であろう。

生かしあう

任せる

責任者の立場にある人にとって、率先垂範《そっせんすいはん》ということは大事である。しかし、「これは君にやってもらおう。困ったときはぼくに相談してくれ」というように、部下の創意工夫に仕事を任せることはもっと大切だと思う。

自分がやるより、まだるっこい点もあろう。しかし、それを何度もくり返すうちに部下は一人前になってゆく。あるいは自分にないその人の特色というものが発揮されて、自分よりもっとうまくやるようになるかもしれない。

そのようにして部下を生かし、自分一人ではできない、より大きな成果をあげてゆく、それが責任者の仕事というものではなかろうか。

表も裏も

物には表と裏がある。人には長所と短所がある。同じ人間の行動にもいわば美醜《びしゅう》というようなものがある。

昼のあいだはきちんとネクタイを締めて仕事をしていても、家に帰れば裸でくつろぐ。どちらもその人の生活なのである。だから、表からだけ見るのもおかしいし、裏からだけ見てとやかく言うのも、これまたいけないと思う。

結局、裏から見た面を考慮しつつも、表にある美を認めて、それを伸ばすことが大切であろう。

他意識

人間であるなら、多かれ少なかれ必ず自意識というか、自己中心の損得意識というものをもっているものだと思う。しかし、もし人間すべてが自己のことばかり考えていたのでは、そこからいらざる対立や争いが生じ、社会は混乱してしまうだろう。やはり、そこにお互い他人のことも考えるという、いわば他意識とでもいったものが必要なのである。

ふつうの人なら、自意識と他意識の割合は五対五ぐらいであればよいのだろうが、人の上に立つ人ならそれ以上に他意識がなくてはならないと思う。

さらに、そのことは個人だけでなく、会社とか労働組合をはじめ、団体や国についてもいえるのではないだろうか。

謙虚な心

人の上に立つ者にとって、部下の長所を伸ばし育ててゆくことが何より大切であるが、その長所を見出すには、まず自分が謙虚な心をもつ必要があると思う。

みずからが謙虚になってこそ、部下のよさもわかり、その長所が自然と見えてくるというものであろう。

百万の富以上の

〝猫に小判〟ということばもあるが、どのようにりっぱなもの、好ましいものを見ても、その価値というかありがた味がわからなければ、それは〝無い〟に等しい。反対に、ほんのちょっとした物事にもありがた味を見出すことができれば、それは大きな力になろう。

だから、何事においてもありがた味を感じ、感謝する心を養うということが大切で、それはいってみれば、百万の富を手に入れる以上のことに通じるかもしれない。

自分のこととして

今日のわが国では、お互い隣人とともにあり、国とともにある、というようなものの考え方が非常に低調だと思う。単なる議論の上、理屈の上ではそういうようなことを言っていても、実際の感情や行動の上ではまだまだ薄いようである。だから、往々にして、お互いが自己を主張するだけに終わってしまう。

しかしそれでは、よりよいものは生まれない。むしろ、自他とものマイナスになるおそれも多い。お互い、隣人のこと、国のことをもっと自分のこととして考えたいものである。

適格運動の姿

中小企業の倒産が多いといわれるが、これは政治的、社会的に見ても好ましくない姿であり、まして当事者にとっては、まことに切実な問題であろう。だから、政治の上でも、あるいは経済の面でも、いろいろな施策なり措置を講じて、倒産を少なくしてゆかなくてはならないと思う。

ただ、見方を変えてみれば、これはそれぞれの企業が適格性を求めて、いわば全体として適格運動をしている姿だともいえはすまいか。つまり、その仕事に適格者でないものはこれをやめて、次々により適性のある仕事を求めて動いていっている姿だともいえると思う。現に、毎月千、二千というたくさんの新しい事業、仕事がふえているのも、やはりその一つのあらわれではないかと思うのである。

正しい主張も

正しいことは堂々と主張すべきである。けれども、それにとらわれて自分の言うことは正しいのだから何が何でも通すのだというようなことでは、かえって人びとの反感を買う結果にもなりかねない。

正しいことを正しいこととして主張し、それを人びとに受け入れてもらうためには、やはりそれにふさわしい配慮というものが必要である。正しいということにとらわれず、素直に私心なく、時と場合を考えつつ、これを行うことが大切であろう。

ときにはムダも

人が育ってゆく過程においては、いろいろなことを味わってみる必要があると思う。意義のある、有益なことを味わうのはもちろん、ときにはムダと思えるようなことも味わってみてもよいと思う。

たとえそれが、当面必要に迫られた仕事ではないとしても、それを行うことにより、人生の何ものかを会得《えとく》することもあるであろう。だからそれは、ムダにしてムダにあらずというか、やがて役に立つムダであるという見方もできるのではあるまいか。

職種と才能

人間はだれでも得意なものからそうでないものまでさまざまな才能をもっている。第一の才能、第二の才能、第三の才能……といくつももっているものである。しかし、社会がまだ進んでおらず職種が少ない状態では、だれもが自分の第一の才能を生かせるとはかぎらない。

宇宙開発ということによって、宇宙科学というものにいちばんの才能をもっている人が浮かび出た。また新しい職業が生まれたとしたら、その職業に最適の人があらわれるかもしれない。

このように職種が無数にふえ、すべての人がそれぞれの第一の才能を発揮できるような仕事につけるとしたら、どんなに能率よい、なごやかな、繁栄の社会が生まれることだろう。

部下に仕える

部下をもつ者の心構えとして〝人を使う〟という気持ちだけでは、ほんとうに人びとの働きを生かすことはできにくいと思う。

ともに働くというか、さらに進んでは、自分のほうが〝仕えているのだ〟という気持ちになることも一面に必要なのではないだろうか。そこまで徹することができれば、これはもう大丈夫であろう。

縁なき衆生は

お釈迦《しゃか》さまは〝縁なき衆生《しゅじょう》は度《ど》し難《がた》し〟と、人のことばを聞き入れない者は救う方法がないという意味のことを言っておられる。

人に注意をする場合でも、一ぺん言ってわからなければ二へん三べん言わなければならない。四へん言ってわからなければ、少し一服してまた一ぺん、二へんと言う。そういうことを三べんくり返して、それでもダメならば、くよくよ悔やまずに、ときにはしかたがないとあきらめることも必要だと思う。われわれ凡人がお釈迦さま以上のことをやろうと思っても、それはむずかしいであろう。

感謝とこわさ

感謝とこわさを知らぬ者は、人間にあらずして、いわば動物と同じである。個人でも、団体でも、感謝とこわさを知らないと、必ず自己の力を過信し、ついには暴力や権力に頼るようになる。たとえば往年の日本の軍部やヒットラーの政権などは、これを知らなかったゆえにあの悲惨な戦争を引き起こしたともいえよう。

われわれは常に感謝とこわさを知り、自己を反省しつつ前進するという謙虚な態度をもちたいものだと思う。

ほめあう

いかなる人でも、ほめられればうれしくなり、さらによいことをしようという気になる。よきほめことばがかわされることによって、この世の中はどれほど明るく住みよいものになることだろう。

お互い、非難したり、けなしあうより、ほめあうことに意を注いで、日々を心楽しく送りたいものだ。

謙虚な誇り

人間が誇りをもつということは大事だと思うが、しかしそれは謙虚な誇りでなければならない。さもなければ、自分のみが偉いと思い込み、他人がバカに見えてきて人のことばを軽視するということにもなってくる。そこには、みずからの成長もないし、またいらざる争いが起こるということも考えられるであろう。

意欲と失敗

何事を行うにしても、意欲をもつということは大切である。意欲なくしては進歩も成功もありえないといってもいいであろう。しかし、意欲をたくましくしすぎると、これは往々にして成功よりも失敗、没落に結びつく。歴史における、ナポレオンやヒットラーなどはその好例である。

だから意欲を高めてゆく一方で、それ以上に謙虚な気持ちで、素直にみずからを反省するということが大切なのだと思う。意欲なくして成功はないけれども、謙虚、素直、反省の伴わない意欲は、これは失敗への道につながるといえるのではないだろうか。

睦みあって

対立や争いの尽きないのが人間の過去の歴史であったということから考えて、あるいは人間は、そういうような一つの宿命をもっているのかもしれないと言う人もある。

けれども、人間は本来互いにゆるしあい、睦《むつ》みあって、そして必ずあいともに幸せになり、共存共栄してゆけるということが原則なのではないだろうか。やはりお互い人間としてはそのように考えたいと思うし、またそのように考えるところから、人間の幸せも生まれてくるように思うのだが。

知恵のカクテル

人一人の知恵で事を処理しようとしても、それにはおのずと限界がある。たとえ頭がよく、広い知識をもっている人であっても、何でも自分一人で物事を判断しようとすれば、時として大きな過《あやま》ちをおかすことにもなるだろう。

われわれはやはり多くの人びとの知恵を集めてこれを融合調和させ、よりすぐれた知恵を生み出す、いわば知恵のカクテルをつくり出すよう心がけなくてはならないと思う。

能動的道徳観を

道徳というものは、人間が本来もっている欲望とか本能を抑えるものだというのが一般的な考え方であるが、むしろ反対にそれらを生かすものだとは考えられないだろうか。ただ、その生かし方というものについて、こうしたほうが自他ともの幸せに結びつくという好ましい生かし方を教えるのが道徳だと思う。

欲望も本能も大いに生かしてよろしい、しかし、好ましい生かし方はこうだ、ということを教えるような積極的かつ能動的な道徳観を打ち立てていくことが大切なのではないだろうか。

人生を味わう

人間としての成功

サラリーマンにとって成功とは社長になることであり、また重役になること、政治家にとっての成功はやはり総理大臣になることであり、大臣になること、というのが世間一般の考え方である。

しかしそのような、いわば職業上の成功は別にして、お互い人間としての、ほんとうの成功とはいったい何であろうか。それは単に金や地位や権力を得ることだけではないという感じがする。

人間には、それぞれの人の天分というか、その人のみにある素質、性格、能力というものがある。その天分を十二分に発揮できるところに人間として生きる深い喜び、生きがいが生まれてくるのだと思う。そしてお互い人間としての成功も、そういったところにあるのではないだろうか。

体験

多くの体験をもつということは貴重である。成功にしろ、失敗にしろ、それはそれなりにその人の進歩向上の資となるであろう。

ただ、その場合大事なのは、何か特別な体験、大きな体験をするということでなく、小さなこと、平凡なことであっても、それを自分なりにかみしめ深く味わうということではないかと思う。そのようにすれば、すべての体験が自分の成長の糧《かて》として生きてくるだろう。同じ毎日を送っても、それをするとしないとでは、長い年月の間に大きな違いが出てくるのではないだろうか。

人生の経営者

〝経営者〟といえば、単に経済活動上のことばだと思いがちだが、われわれ一人ひとりの人生についても、お互いによりよき経営者になるということが大事なのではないだろうか。

つまり、どのように生活の目標を定め、その目標達成のためいかに合理的な努力をしてゆくか、物心ともに豊かな人生を送るためにはどうすればよいか、ということなどを自分なりに考え実行してゆく。そういう自分自身の人生の経営者になるということを考えてみるのもおもしろいと思う。

歩一歩のあゆみ

人生においてはカメのような、歩一歩《ほいっぽ》のあゆみが大切だと思う。速度を多少速めるのはよいが、二歩三歩いっぺんに飛ぼうとすれば往々にして失敗することにもなろう。

度胸をすえる

お互い日本人に生まれたということは、これは自分の意志ではない。いわば運命というべきものであろう。

そのことは、われわれの仕事についてもある程度いえるのではないか。ある会社に入る、何らかの職業を選ぶという場合、たしかに自分で決めるにはちがいないが、同時に自分の意志を超えた大きな力の導きがあったと考えられないこともない。そう考えて、そこに、ある種の悟りをもつというか度胸をすえることも一つの行き方だと思う。

そして、素直に与えられた環境に没入し、精進努力してゆく。そういうところに大きな安心感もわき、より力強い働きも生まれてくると思う。

不安を克服して

悩みや不安がまったくないという人がもしあるとすれば、それはもう神に近い人であるか、あるいは精神的に何か欠ける面をもつ人であるかのどちらかだと思う。ふつうの人間であれば、日々何らかの不安をある程度は感じるであろう。

しかし、ただ不安におびえすくんでいるのではなく、そこに新たな勇気と志を生み出し、自分をはげましつつ、その不安を克服するという戦いに挑んでゆくのも、これまた人間の一面であろう。不安を感じつつも、そういう戦いにある種の生きがいを感じて道を切りひらいてゆくというところに、人間の一つの尊さがあるようにも思うのである。

努力をすれば

世の中は人さまざま。だから一概にはいえないけれど、われわれの努力というものは、いつかは必ず認められるものではないだろうか。

もちろん、認められるために努力するわけではないと思う。しかし、いわば命をかけるほどの思いで一心に努力し、そのことに意義を感じ、かつまた楽しさを味わっているという姿に、いつか人びとは感銘を受けるようになるであろう。そしてそういうところから、これまでは認めなかった人もその努力を認めるようになるということが、自然に多くなってゆくのではないかと思う。

人間としての優等生

最近の親は教育熱心であり、それだけに子どももよく勉強すると聞く。たしかに勉強は大切であり、学校で優等生になるのは好ましいことであろう。

だが、人にはそれぞれに異なる天分もあって、だれもが学校での優等生になれるとはかぎらないと思う。しかし、人間としての優等生になることはできるかもしれない。つまり、自分を素直に生かすというか、自分のもっている素質、性格というものを素直に生かしてゆける人になるということである。

子どもの教育についても、学校の優等生にすることも大切だが、人間としての優等生ということを忘れてはならないと思う。

わかっていても

　悪いとわかっていることはすぐにやめなくてはならない。だれしもそう考えてはいるであろう。だから、やめようと決意する。が、さてとなるとなかなか決意どおりにはゆかず、よくないと知りつつも、どうしてもやめられないというのもお互い人間の一面であろう。

　しかし、考えてみれば、そうした自分の弱さに打ちかってゆくところに、お互いの進歩向上もあれば、人生の幸福も大きくかかわってくるのである。やはり、みずからの弱さと戦いつつ、悪いとわかっていることはやめようという決意を、少しずつでも強めてゆくことが大切だと思う。

油断

人の心というものは不思議なもので、物事が三年も続けてうまくゆくとどうしても油断が出てきがちである。なかには三年ぐらいでは油断しない人もあるが、それでも十年うまくゆくと必ず油断が出てくる。

だからこそ、昔の人も〝治《ち》に居て乱を忘れず〟という心構えの大切さを教えたのではないだろうか。

運命論者ではないが

私はいわゆる運命論者ではないが、学問もなく、人よりも身体が弱かった自分のこれまでの歩みをふりかえってみると、やはりそこに自分の意志や力を超えた、運命とでも呼ぶしかない何か大きな力の働きを感ぜずにはいられない。そして、自分はその運命ともいうべきものに、素直に従ってきただけではなかったかというような気がする。

ただ、そういうものは、過ぎ去ってみてはじめてわかるのであって、前もって予知することはできない。そこにまた人生の妙味というものもある。

だから、われわれはきょう一日の仕事に精励を尽くしてゆくよりしかたがないと思う。

そうすることによって、そこに運命があるならば、それがひらけてゆくというものなのではないだろうか。そんなことを自分の体験からつくづくと感じるのである。

七人の敵

昔のサムライには、〝一歩敷居をまたげば七人の敵あり〟という日常の心構えがあったという。

しかし、今日の時代でも、たとえば、交通戦争などということもあって、一歩外へ出ればいつケガをするか、どのようなことが起こるかまったくわからない。ある意味では、お互いに昔以上の危険な状態の中にいるわけである。

それだけに、一面常にそれなりの覚悟をもって事に当たることも大切だと思う。

努力をしても

努力をすればそれだけ成果があがる。それがふつうである。しかし、いつの場合でもそうなるかというと、必ずしもそうとはかぎらない。努力が実らない。働けど働けどうまくゆかないというときもある。それで失望落胆することもあるだろう。

しかし、ほんとうは、そういうときでも心を乱さず、じっとそれに耐えて、尽くすべき努力を尽くしてゆくということが大切なのではなかろうか。そのことによって、努力が実ったとき以上の、何かより高いものを生み出してゆくことができるのではないかという気がする。

神仏に祈る

何か大事を行おうとするときには、人はだれでも真剣になる。そして神仏などに祈りを捧《ささ》げて事を行うというような、いわば敬虔《けいけん》な気持ちにおのずとなるようだ。これは一つには、大事を前にして神仏の力をも借りたいという心が働くのであろう。

しかしまた、そういう敬虔な態度をとることにより、おのずと素直な心が生まれ、みずからの実力を十二分に発揮し、高い成果をおさめることにもなるのだと思う。何事によらず、神仏に祈るほどの真剣な気持ちになるのならば、事も成就《じょうじゅ》しやすいのではなかろうか。

芝居のようなもの

人間には本質的には差がない。平等である。現実の社会ではただ便宜上、それぞれの職業や地位が違っているにすぎないのだと思う。

昔であれば、殿様もあれば、それに仕えるぞうり取りもあった。しかし芝居では殿様よりぞうり取りのほうが主役のこともある。ときには、社会とは見方によっては、そんな芝居のようなものだと考えてみてもいいのではないか。

インテリの弱さ

〝インテリの弱さ〟ということばもあって、世間にはいわゆるインテリの人は、いろいろ知識があるために、それが妨げとなり、かえって物事を成し遂げられないという考え方もあるようだ。しかし、実際にはやはり知識があるためにいろいろなことができるという場合のほうが多いと思う。

ただ、その知識にとらわれて〝あれはむずかしい、これはできない〟といった考えに陥ってしまうと、事がスムーズに運びにくくなる。そういうとらわれをなくして、できることから一つひとつやってゆくならば、むしろ〝インテリの強さ〟とでもいえるような姿になるのではないだろうか。

成り立つ時期

物事が成り立つためには、やはり時期というものがあると思う。いかによいものであっても、その時期が適当でなければ世の中に受け入れられない。

地動説でも最初に唱えた人は相当迫害を受けたと聞く。もしこういう学説が、今日のように各面において進歩している時代に出れば、世間もそれを理解しえて称賛を惜しまないだろうし、その人はあるいはノーベル賞がもらえたかもしれない。世の中とは一面そういうものなのである。

ただひたすらに

信長の遺志を継いで天下統一をやり遂げたのは秀吉だが、秀吉はそう早くから天下を取ろうと考えていたわけではないと思う。岡山に出兵中、本能寺の変を聞いて京都へ取って返し、光秀を討ったときも、自分が信長の跡を継いで天下を取ろうという気持ちはまったくなく、ただその時代の道徳に従って、主君の仇《あだ》を討ったのであろう。

ところが、主君の仇を討ったあとで周りを見回してみると、天下統一にいちばん適しているのはどうも自分だということになった。そのときにはじめて、「よし、それでは」という気になったのではあるまいか。そしてそのときには、すでに秀吉には実際に天下を統一できる実力が備わっていたというわけである。

見方はいろいろあろうけれども、秀吉が天下を取ろうと意識せず、ただひたすらに日々はげんでいたからこそ天下が取れたのであって、最初から意識していたら、天下は取れなかったのではないかとも思う。そんなところに人生の妙味の一つがあるような気もするのだが、どうであろうか。

機会をとらえる

何事をなすにも機会をとらえるということはきわめて大切である。もちろん、機会を的確にとらえることはなかなかむずかしい。しかし、機会というものは真に熱意をもって事に当たっておれば、随所にあるものではないだろうか。

鬼に金棒

頭のよい人が必ずしも成功するとはかぎらない。少々頭が悪くても熱意のある人は成功しやすい。熱意があって頭がよければ、これは鬼に金棒というものであろう。

本業は本業

趣味と本業とを決して混同してはならない。本業はあくまで本業、趣味はあくまで趣味である。

本業の余暇を利用して、趣味を味わい楽しみ、それが本業をする上にプラスになるとか、人間形成上プラスになるならば、それは趣味としてりっぱなものであろう。しかし、本業よりも趣味のほうが好きだという人は、むしろ趣味を本業としたほうがその人のためにもよいと思う。

天命を待つ

〝人事を尽くして天命を待つ〟ということばがあるが、最近の世の中を見ていると、〝人事を尽くす〟ことはある程度やっていても、〝天命を待つ〟ということが少々おろそかにされていないだろうか。

〝自分はこれだけ尽くしたのだから、これだけは報われなければならない〟と考えたくなるのは、人情として当然であり、一面無理からぬことではあろう。だが、物事の成否は、われわれの意志や努力だけによって決まるのではなく、やはりそこにいわゆる天命というか、そういった大きな力が働いているような気がするのだが。

希望に輝く人生

人間の一生を予知することはできない。知ろうとしてもわからないことである。

しかしわからない範囲においても、これが自分に与えられた運命なのだという信念をもって自分自身の道を力強く歩くことも、一面大切だと思う。そうすれば大きな成功をおさめても有頂天にならないし、たとえ失敗しても驚かない。

坦々とした大道を行くがごとく、素直に処世の道を歩むところに希望に輝く人生がひらけてくるのではなかろうか。

終生勉強

〝人生は終生勉強である〟このような考えをもたないなら、その人の進歩向上は止まってしまうだろう。

いわゆる大器晩成の人というのは、終生勉強だという考えをしっかりもっている人だと思う。

仕事に学ぶ

アルバイトでも

最近は学生の人などが、いわゆるアルバイトをすることが多いという。自分で働いて得たお金で、趣味を味わうとか、旅行に行って見聞を広めることは大いに結構だと思うが、同時にアルバイトそのものの体験を通じて何ものかを得てほしいと思う。

それには、たとえ数日の仕事でも〝これをやるのも何かの縁であろう。また、これは一つの尊い体験になるだろう〟と考え、全身全霊を打ち込むほどの思いでその仕事に当たることが大切であろう。そういう態度、心構えがあれば仕事も味わい深く、それだけその体験もよりよく生かされてくるのではないだろうか。

賢人と凡人

何か物事をなす場合、偉い人、賢い人ばかりが集まれば、非常に成果があがるかというと、必ずしもそうでもない。かえって、平凡な人が集まったほうがうまくゆくという場合もあるようだ。

平凡な人であれば、まずやってみようということで、それなりに仕事を進めるが、賢い人が集まると、往々にして議論が先だったりもめたりして、なかなか事が運ばないことがあるのかもしれない。

だから、事をなすに当たっては、たとえば、賢人二人、平凡な人八人といった、好ましい組み合わせというものを考えることも大切であろう。

仕事の尊さ

大きな仕事をやることが尊いのではない。大は大なり、小は小なりに自分の適性なり、実力に合った仕事に取り組み、これに成功することが尊いのだと思う。

苦労話は

私は人から、苦労話を聞かせてくれとよく言われるが、どうも苦労したことはあまり思い出せない。毎日がそれなりに楽しかったように思われる。

希望に燃えて仕事をしているときには、はたから見ると苦労だと思われても、当の本人は案外苦労だとは感じていないものなのだろう。毎日が苦労だ、おもしろくないと感じているうちは、ほんとうによい仕事はできにくいのではないかと思う。

新製品

画期的な新製品の開発に成功する。それで、ああよかったといって、みずから喜び満足することは、それが自分の全力を傾け、精魂を打ち込んだものであれば、一面当然であろう。しかし、それで安心してしまっては進歩は生まれない。たとえそれが自社のものであっても、その新製品を他社が開発したものだと考えてみてはどうだろうか。そうすれば、競争に負けないためにも、何としてもそれ以上のものを生み出してゆこうという強い意欲がわき、新たな創意工夫も起こってこよう。

また、人間は時々刻々と向上しているものであるから、そういう思いで見たら、自然、改善すべき点も見つかるのではないか。もうこれでよい、ということはない。考え方次第で進歩発展は無限だと思う。

自主性

仕事を進める場合、他の人の意見をいろいろ聞いて参考にすることは大切であるが、その際にはどこまでも自主性を失わないことが肝要であろう。

自主性をもって、しかもその上で素直に人の意見に耳を傾けてこそ、その意見が自分の血となり肉となるのではないだろうか。

自分を雇う

お互い仕事をしてゆく上で、もし自分の力以上のことをやろうとすれば失敗するし、力以下のことばかりやっていたのでは能力も生かされず、働きがいも生まれてこない。だから自己観照というか、自分を正しく評価するということが非常に大切なわけである。

その場合、もし自分が社長であったら、果たして自分を雇うだろうか、どの程度給料を払うだろうか、どれだけの仕事をやらせるだろうかというようなことを素直に自問自答してみることもおもしろいと思う。それによって、自分が今、何を考えるべきか、いかに仕事に取り組むべきかということも、わかってくるのではないだろうか。

基礎をかためる

岩の上に建てた家と、砂の上に建てた家とは、一見同じようなものである。しかし、いったん地震でもあれば、その差ははっきりとあらわれてくる。

学問でも基礎学があって応用学があるように、何事によらず基礎をかためるということは、非常に大切なことだと思う。

説得力を生むもの

政治家や経営者にとって、最も大事なものの一つは説得力だとよくいわれる。いくらよい考えをもっていても、それを他の人に理解、納得させるには、それ相応の説得力が必要だというわけである。たしかにそのとおりだと思う。

ただ、説得力というものは、自然に生まれてくるものでもなければ、口先だけの技術でもない。やはり、これが正しいのだ、こうしなくてはいけないのだ、という強い信念なり熱意が根底にあってはじめて生まれてくるものであろう。

こんな境地

スポーツの選手は、非常にはげしい練習や試合をしても、疲れよりもかえって爽快《そうかい》さを感じるという。仕事でもそれと同じことで、ほんとうにそれに打ち込んでいたら、疲労を覚えるということも少ないと思う。見方によっては、仕事をして疲れるというのでは、まだ十分ではないといえる。

むずかしいことではあろうが、仕事をするとかえって疲れが休まるというような境地を多少とも味わえるようになれば、これは本物であろう。

欲の調節

人には、さまざまな欲がある。そして、その欲がすぎると、そこに何らかの好ましからざる事態が生じてくる。たとえば、食欲がゆきすぎると身体をこわすといったぐあいである。

ただ食欲であれば、それがすぎてもわが身一人の苦しみにとどまる。しかし、事業欲のようなものは、ゆきすぎると自分一人にとどまらず、他の多くの人びと、ひいては世間にも迷惑をかけることになる。それだけに、事業に携わる人びとは、みずからの良識というものを働かせ、その事業欲がゆきすぎないように調節することが大事だと思う。

土俵に上がって

相撲《すもう》で力士が土俵に上がり、仕切りをする。その場合の力士の気魄《きはく》というか意気込みには、まさに全身全霊が打ち込まれているように思われる。その打ち込み方如何《いかん》で勝負が決まるのではないかと思う。

われわれの仕事でも、やはり土俵に上がって仕切りをするというような気構えが必要だと思う。力士がプロならわれわれもプロ。アマチュアとして仕事をしているのではない。全身全霊を打ち込んでやらなければ嘘だと思う。

やり方次第

保険を売るセールスマンの中で、いちばんたくさん契約をとる人と最低の人との間には二十倍からの差があるという。保険というものはいわば各社とも同じ製品である。同じものを売っていてこれだけの差ができるのである。ここに仕事というものの妙味があると思う。

やり方次第で、無限に発展する道はいくらでもある。要はその道を探し出す努力が大切だということであろう。

原因は自分に

何か事をなして、成果があがらない、うまくゆかないというときには、だれでもその原因をさぐろうとするだろう。そういう場合、われわれはともすれば、それを他に求めようとする傾向がありはしないだろうか。

たしかにそれも必要ではあろうが、しかし事がならなかった場合、その原因が自分自身にあるということも少なくないように思う。まず原因はわれにあり、という気持ちで、一度自己反省してみることが大切であろう。

身も心も財産も

どの会社にも、心身ともに自分の会社に打ち込んで、大いに働こうという気持ちをもっている社員は多いだろう。けれども、それにくらべて自分の会社の株を進んで買おうという社員は、それほど多くないようにも思われる。

しかし考えてみれば、いちばん大切な自分の身や心を打ち込んでいる会社であれば、心身ほどには大事とは思われないお金なり財産もそこに投じようということは、ある意味では人情として当然とも考えられるように思う。

やはり身も心も、そして財産も打ち込んでこそ、社員として徹する姿だといえるのではないだろうか。

行きづまったら

どうも仕事がうまくゆかないとか、行きづまってしまったとかいう場合には、気をおとしたり、心も沈みがちになるのが人情の常である。しかしそういったときでも、見方を変えて、今は苦しいけれども、これはより新しいものを生み出す一つの転機に立っているのだ、というように考えてみてはどうだろうか。

そのように考えるならば、行きづまったと思っていた仕事も、いわば画期的な躍進をもたらす仕事だということにもなり、苦しい中にも希望も勇気もわいてきはしないかと思うのである。

きょう一日を

この一年自分はどういう方針で仕事をしてゆくかということも大事だが、それとともにきょう一日どのような方針、心構えをもって仕事に取り組むかと日々考えることも大切だと思う。

野球選手であれば、今年はこういう成績をあげてゆこうというようなことを考えるとともに、きょうの試合はひとつ勝ってやろう、勝てるかどうか、やってみなければわからないけれども、ぜひとも勝たねばならない、そういう思いをもって試合に臨むということが、一面必要ではないかと思う。

もちろん、それで常にうまくゆくかというと、なかなかそうはゆかない。

けれども、日々そのような志をもって、どうすればそれが実現できるか研究をしてゆくところに、また尽きざる興味もわき、喜びも生まれてくるのではなかろうか。

商売にはげむ

手裏剣投げ

ずっと以前に寄席《よせ》に行って手裏剣《しゅりけん》投げを見た。自分の嫁さんを板の前に立たせ、二十本の剣を矢つぎばやに投げる。それがみごとに身体の形を描いて、寸分《すんぶん》の狂いもない。少しでも手もとがはずれれば命にかかわる。

これを見たとき、私はガンと頭をなぐられたような思いがした。こんな危険な仕事はない。それをあの芸人は毎日やっている。

ひるがえって自分はどうか。これほど精魂こめて自分の商売に当たっているだろうか。

もちろん、商売は相手もあれば、世の中の動きにも影響される。その意味では手裏剣投げよりも複雑だといえよう。それだけに商売にはいわば命がけで、誠心誠意これに当たることが必要なのだ。計画に狂いが生ずるということは、手裏剣の手もとが狂って人を殺すのといっしょではないか。
そんな厳しさを感じさせられたのだった。

商売というもの

商売というものは非常にむずかしい。しかしまた、一面非常にしやすいものだともいえる。どこがむずかしくて、どこがしやすいかというと、具体的には表現しにくいが、一言でいえば、おのれの心にとらわれてものを見る場合に、いろいろとむずかしさが起こってくるようだ。自分の立場からしかものが見られない。世間の声は二の次だという考え方でゆくと、ことごとに支障が起こってくる。

ところが、自分は世間とともにあるのだ、また世間の人びとはまことに親切に自分を導いてくださるのだというような考えのもとに、お客さんなりお得意さんに接してゆくならば、商売というものは非常にしやすいものになると思う。

意思の即決

商売の秘訣《ひけつ》の一つは意思の即決ということだと思う。そしてまたそれが適切なものでなければならない。発展する会社はおおむねこのことをうまくやっている会社のようである。

だから責任者たるものは日ごろから、物事を適正、妥当に見るような力を養うとともに、意思決定をすみやかにするよう心がけておくことが大切だと思うのである。

赤い小便

奉公しているとき、私は主人から常々、「商売人が一人前になるためには、小便が赤くなるほどやらなければいけないよ」と言われたものであった。商売の危機に直面して心配で心配でたまらず、きょう自殺しようか、あすしようかというほどの切羽つまった気持ちで毎日を過ごしていると、小便が赤くなってくる。そういうことを経験してはじめて一人前の商売人になるのだと教えられたのである。

果たして、このことがそのまま今日に通用するかどうかは別として、商売というものには一面そうした厳しさがあるような気もする。

退くことも大事

昔の名将といわれる人は、撤兵というか兵を退《ひ》くことが巧みであったという。

今日の商売でも同じことで、これはいかんぞ、となったらさっと退くことが大事だと思う。ところがこれがなかなか退けないもので、まあまあと言っているうちに行きづまってしまう例は少なくない。

出処進退を誤らぬことほど、大切でしかもむずかしいことはないということであろう。

企業存在の意義

天下の人を使い、天下の金を使い、天下の土地、天下の物資を使って事業を営みながら、そこから利益をあげない、つまり社会にプラスしないということは、ほんとうは許されないことではなかろうか。それはある意味では罪悪だともいえる。

応分の成果をあげて税金を納め、国家に社会に貢献する。そこに企業存在の一つの重要な意義があるのだと思う。

商売の使命

商売というものは、利益を抜きにしては考えられない。しかし、利益を得ること自体が商売の目的ではないと思う。やはり大事なことは、暮らしを高めるために世間が求めているものを心を込めてつくり、精いっぱいのサービスをもって提供してゆくこと、つまり、社会に奉仕してゆくということではないだろうか。そこに商売の尊さがあり、使命があるといえよう。

そしてその使命に基づいて商売を力強く推し進めてゆくならば、いわばその報酬としておのずと適正な利益が世間から与えられてくるのだと思う。

ありがたいのは

お客には、あまり文句を言わない人とあれこれ細かい注文をつける人の二種類がある。

あまり文句を言わずに買ってくれるお客もありがたいが、よく考えてみると、よりありがたいのは苦情をよく言ってくださるお得意さまではなかろうか。その注文や苦情が、自分の商売ぶりや、商品の改善のために非常に役に立つからである。

精神的加工

商店というものは、扱う品物に実際には加工していないけれども、精神的には加工をしていると思う。つまり、商売に全身全霊を打ち込んでいる、その全身全霊をお客に提供しているのである。言いかえれば、商品にプラスして、魂というか真心というか、誠意とサービスとを添えているということになる。

そのことをみずから正しく評価し、いわばその精神的加工の加工賃としての適正利潤をいただくことに、はっきりとした信念をもつことが大切だと思う。そうすれば、いたずらに価格競争に巻き込まれることなくして、真にお客にも喜ばれる商売というものができるのではないだろうか。

商売の姿勢

商売の仕方というものは、時代とともに徐々に変わってゆくものだと思うが、今日の商売では、昔とくらべて〝お得意先に呼びかける〟ということの必要性が、ますます高まってきているような気がする。

自分が商売をしていて、〝これはよい品物だ。使えばほんとうに便利だ〟というものを見つけたとする。そのときに、〝早くこれをお客さんに知らせてあげよう。そして喜んでいただこう。それが商売人としての自分のつとめだ〟というように考えてお得意先を回り、力強い呼びかけをするならば、お客もおのずとその熱意にほだされ、一度使ってみようかということになる。また実際それを使ってみれば非常に便利で、だから大いに喜ばれる。その結果、〝あの人はなかなか熱心だ。勉強家だ〟ということでお客の信頼が集まり、自然、商売も繁盛してゆくことになると思う。

こうしたことはだれでも知っていると思うのだが、なかなか実行されないのは不思議なことである。

自分に合わせて

隣の店がうまくやったからうちの店もひとつあやかろう、というようなことで自分の適性を考えずに仕事をすると、結局は失敗する。やはり商売は自分の力に合わせ、自分の持ち味に合わせてやらなくてはならないと思う。

経営のおもしろさ

自分の会社、商店をよりよいものにしたいという強い熱意をもって他社、他店を見るならば、そこに必ず一つや二つの見習うべき点が発見できるものだと思う。

その長所に、みずからの創意工夫を加え、独自の新しいものを生み出してゆく、そういうところにもまた、経営の妙味、おもしろさというものがあるといえるのではなかろうか。

わが娘の思いで

商品をお客さんに買っていただくということは、見方によっては手塩にかけた娘を嫁にやるようなものだといえないこともない。

娘を嫁にやれば、先方の家族に気に入られているか、元気にやっているだろうかということがいつも気にかかる。また、嫁《とつ》ぎ先とは新しく親戚《しんせき》になったわけで、おのずとこれまでとは違った親愛の情もわいてこよう。

商品をわが娘と考え、お客を親戚と感ずるほどの思いに立つ。そこから、真心のこもった販売、親身なサービスも生まれてくるのではないだろうか。

勝負ではない

世間ではよく、〝あの会社とこの会社はライバル同士だ〟とか、〝あそこが勝った。ここが負けた〟などと興味本位で言ったりする。

しかし、商売はスポーツとか戦争のように勝ち負けを争うものではないはずである。需要家の便宜を考え、業界共通の繁栄をも考えて、常に共存共栄をはかってゆく、それが商売というものだと思うのだが。

たとえ五個でも

商売においては、商品がたとえ五個でも売れれば、売り方によっては、さらに千個は売れると見てよい。千個売れれば十万個も決して不可能ではない。まったく売れないのなら別であるが、五人でも買う人がいるということは、その商品が人びとに受け入れられるということを示していると思う。人の考えることにそう大差はないからである。

あとは腕次第、やり方次第、熱意次第、そう考えればそれだけ商売がおもしろくなり、はげみも出るのではないか。

斜陽産業

産業界には、斜陽産業だといわれているものもある。しかし、いかに斜陽といわれるものでも、時代からまったく取り残された商売でないかぎり、これを進歩性のあるもの、時代に即したものに変える道は求められないことはないと思う。要はやり方如何《いかん》である。そこに商売の言い知れぬ妙味というものがあるのではなかろうか。

適正な所産

商売とか、われわれの人生のいろいろな場合において、努力すれば原則としてそれに見合った所産というものがプラスとなって生まれてくるものではないだろうか。

それがプラスとならない、商売でいえば努力しても儲《もう》からないということは、考え方なり、やり方なりのどこかに誤りがあって、その努力が正しく生きてこないという場合が多いと思う。その誤りが正されたときに、はじめて努力が適正な所産を生むと思うのである。

教えられつつ

昔の商人は丁稚《でっち》奉公からつとめ始め、主人や番頭に横《よこ》っ面《つら》の一つも張られながら、一つひとつ教えられつつ、商人としてのものの見方、考え方を養っていった。そのようにしてはじめて一人前の商人になれたのである。

やはり、かたちは違っても現在でも厳しく叱《しか》られたり、注意を受けることと自体は非常に大切なことだと思う。

政治の技術導入

わが国の産業は目ざましい発展を遂げてきたが、これは外国の技術を多く導入したことが一つの大きな原因だと思う。導入するかわりに、売り上げ金額の何パーセントかを外国に提供したが、われわれはそれを上回るものを得たのである。

今、わが国の政治についていろいろな問題があるが、よりよい政治の実現のためには、産業の場合と同様に、たとえば日本の税金の二パーセントを提供して、外国のよりよい政治技術があればこれを導入するというようなことが実際に考えられてもよいと思う。

真のサービス

商売にはサービスがつきものである。サービスを伴わぬ商売は、もはや商売ではない。その意味においては、サービスは商売人にとっての一つの義務ともいえよう。

しかし、これを単なる義務としてのみ受け取り、しかたなしにやむをえずやっているとしたら、これほど疲れることはない。こちらが疲れるだけでなく、お客さんにもその〝しかたなさ〟が自然に通じてしまうだろう。

サービスというものは本来、相手を喜ばせるものであり、そしてまたこちらにも喜びが生まれてこなければならないものだと思う。そういう喜び喜ばれる姿の中にこそ真のサービスがあるのではないだろうか。

適正な大きさを

人間というものは、どちらかというと小よりも大を好むもので、往々にして内容のわりにかたちを大きくしやすい。また大きくすることがよいことだと思いやすい。しかし、それは非常に危険だと思う。

たとえば商売でも、横丁で経営しているうちはある程度繁盛していたが、表通りに店を構えたとたんにつぶれたというようなことがよくある。やはり自分の実力に応じて適正な大きさを保ちつつ、さらに実力を高めてゆくということが大事であろう。

事業を伸ばす

最高の熱意を

経営者として望ましい人とはどういう人か。もちろん、何から何まで人よりもすぐれた人であれば、それは申し分ない。けれども、何もかもすぐれているということは、実際には望みえない。

しかし、経営者として、少なくともこれだけはだれよりもすぐれたものをもたなければいけない、ということが一つあると思う。

それは何かというと、熱意である。知恵や知識なり才覚というようなものは必ずしも最高でなくてもいい。しかし経営に対する熱意だけは最高でなければならないと思う。

経営者にその熱意さえあれば、部下なり従業員としても、その熱意に共鳴して、知恵ある者は知恵を、才覚ある者は才覚をというように、それぞれの最高のものを出してくれるであろう。

そこから、好ましい経営の姿というものもあらわれてくるのではなかろうか。

先見の明

雨に濡《ぬ》れないためには、降ることを予見してきちんと傘《かさ》を用意することである。経営でも、順調な発展を遂げるためには、将来起こるであろう事態を予測して、その際適切な処置がとれるよう日ごろから考えておくことが必要だ。

実際には、先見の明をもつということはなかなかむずかしいが、やはりこれは経営でいちばん大事なことの一つだと思う。

追及する

どこの会社でも、社長の厳しい会社はやはりどことなく引き締まっているようだ。それは、その社長が常に追及するからだと思う。

追及するといっても、やり方によると反発を食って逆効果になる場合もあるから、そこは適切にやらねばならないだろうが、いずれにしても、社員に対して常に適切な追及を力強く行なっている社長であれば、その会社はグングン伸びてゆくと思う。

部下

私は、部下が一枚の紙をムダにしたようなときには叱《しか》ったが、一つのことを任せたものが一生懸命やったけれど失敗して、百万円という大きな損をしたというようなときには、むしろできるだけ「君、そんなことで心配したらいかんぞ」と慰め、元気づけるというふうであった。そういうところに、皆が喜びをもって働いた原因があるのではないかと思っている。

小事にこだわって、大事を忘れてもいいということではもちろんないが、小事を大切にしつつも、大事についてはある程度達観するということも、ときには一つの行き方ではないだろうか。

率先する気魄

会社が小さいときであれば、その責任者が先頭に立ってバリバリやれるし、それに人はついてくるだろう。しかし会社が大きくなるとなかなかそうはゆかない。

が、直接全員に指図はできなくても、責任者は会社が小さいときのように率先する気魄《きはく》だけは忘れてはならないと思う。

若さを保つ

経営というものは老いてはいけない。百年の歴史を誇る企業でも、その経営の上には常に新しい若々しさが生み出されていることが大事だと思う。

ところが実際にはこれがなかなかむずかしい。ことにその企業が大きくなればなるほど血が通いにくくなり、いわゆる老化しやすいというのは世間一般の例のようである。

それだけに、この若さをどうして保ってゆくか、そこに経営の一つのポイントがあるといえよう。

新入社員

新入社員を迎える。それで、その会社なり職場なりの総合力が高まる。これも一つの見方であろう。

しかし、新入社員は最初から一人前の仕事はできない。それだけでなく、先輩の人も、新入社員を教え導くために、気を遣ったり時間を使ったりするから自分自身の仕事の能率が多少落ちてくる。つまり、一人当たりの力というものは一時的にはかえって低下し、全体としても、ある意味では弱体化するわけである。

そのことをはっきり認識せずに、ただ人がふえれば力がますのだということだけを考えていたのでは、事を誤る結果になるおそれがあると思う。

車の両輪のごとく

会社と労働組合というものは、会社を運営してゆく上の、車の両輪のごときものではないだろうか。片一方の輪が強く大きくなっても、片一方が圧迫されて小さな輪になるならば、その車は正しく前へは進みにくいだろう。

やはりその大きさなり、力の調和、均衡がとれてこそ、車が前へ進んでゆくのだと思う。

実働スペースは

アメリカのある大会社の社長に会ったとき、「日本の工場では実働スペース、つまり工場内で生産に直接寄与する面積はどのくらいか」と聞かれた。そこで、「まあ、七割ぐらいでしょうか」と答えると、「それはぜいたくだ。アメリカでは九割にもってゆこうとしている。残りの一割の範囲で廊下などをつける工夫をしているのです」と言われた。

私はあらためて経営に対する厳しさというものを知らされた思いがしたのであった。

真の合理化

合理化は労働強化、過重労働に結びつくということをときに耳にする。しかし、真の合理化とは、人びとがそれぞれ自分の適性を十二分に発揮して、楽しくラクラクと能率を上げることができるように、組織なり仕事の進め方を改善することだと思う。

その意味からすれば、合理化が労働強化に結びつくというのはあってはならないことだし、労働強化を生むような合理化があるとすれば、それは真の合理化からはずれた姿だということになりはしないだろうか。

俸給だけでなく

会社が俸給を各社員に支払う。これは当然のことであり、非常に大切なことである。

しかし、俸給だけを与えればそれで事足れりと考えていてよいかというと、そうではないと思う。社員一人ひとりに対して、その人の力をどのようにして伸ばしてゆけばよいか、ほんとうにものの役に立つ、世の役に立つ実力を身につけられるような仕事をどのように与えてゆけばよいか、そういうことをたえず配慮しなければならないと思う。

そのことは、社員のためになるとともに、おのずと会社自体のいっそうの発展にも結びついてゆくことになるであろう。

信用を高めるもの

資本が大きいとか、技術がすぐれているということも、それは会社の信用を高める一つの要因となろう。けれども、最もその会社の魅力とされるものは何かというと、それはやはりその会社の人たちが、それぞれに会社の使命を理解しつつ、熱心に、和気あいあいと働いているということではあるまいか。

そういう会社は、お得意先からも世間からも好感をもって見られるだろうし、また信頼もされ、信用を高めることもできるのではないかと思う。実際そういう会社は、おのずと技術力や経営力というものも高まって、安定した姿で発展してゆくという場合が多いように思われる。

降魔の利剣

刀と資本とは、同じようなものだと思う。つまり、刀は、賢者がこれを持てば悪を滅ぼす降魔《ごうま》の利剣《りけん》になるが、賢者でなく愚者がこれを持てば、悪くすると他人を傷つけてしまうことにもなりかねない。

それと同じように、資本にしても、それを使う人次第では自他ともの繁栄を生むものであるが、反面それを使ってさまざまな弊害をもたらす場合もある。

結局、資本も刀も、それ自体が災いのもとなのではなく、それを使う人間が問題だということであろう。

大きいことは

常識的に考えたら、相撲《すもう》では大きな相撲取りのほうが強いだろうということになるが、実際には五十貫（注＝約一九〇キログラム）もある人がコロコロ負けるという場合も少なくない。

企業でも同じことで、大規模化したほうがよいということは一応常識で考えられるわけだが、それにふさわしいだけの経営力というものが伴わないと、かえって動きがとれなくなってしまうのではないだろうか。

改善しても

不良を出さないようにと改善した製品に、かえって以前より不良が多く出るということがある。それは、現在の欠陥をなくすということだけを考えて、改善することによって生まれる別の新たな欠陥というものが計算外になっているからだと思う。

こういうことは社会のいたるところで見られることではないだろうか。

企業の経営者は

企業なり企業経営者というものは、単に資本をもち、経営力をもっているというだけではいけないと思う。同時に忘れてならないのは、それとともに社会性というか、社会正義というものを常に考え、これに照らしつつ企業の経営を進めてゆくということである。

さもないと、往々にして資本の横暴というようなことが起こり、他の企業、業界、ひいては社会一般の需要家にまで、重大な悪影響を及ぼすおそれがある。

社会に奉仕する

〝社会に奉仕する〟ということを何らかのかたちで経営理念の中に織り込んでいない会社はほとんどないと思う。このことは、事業を営む以上はだれしも無視していないし、考えてはいることであろう。

しかし、大切なのは、それにどれだけ徹しているかということではないだろうか。その徹し方によって、その会社の経営の実態というものにも差が出てくるような気がする。

中小企業では

私は小さな個人企業から大企業までひととおり経験してきたわけであるが、今思うと、いちばん働きがいのあったのは、従業員が四、五十人から百人ぐらいのときであった。皆、ピタッと呼吸が合って打てばひびくというようなところがあったからである。大企業では一人の力を百パーセント生かすことはなかなかむずかしいが、四、五十人ぐらいの中小企業では一人の力を百にも百五十にも発揮させることができやすいのである。

今日、中小企業にはいろいろ問題が多いとはいえ、その経営者は、自分は一面恵まれた働きがいのある立場にあると考えることも大事であろう。

儲ける

多く儲《もう》けることが尊いのではない。大切なのは、いかに他と調和した正しい方法で、適正な利益をあげてゆくかということではないかと思う。

自得する

経営学というものは、教えることもできるし、また習うこともできる。しかし、生きた血の通った経営というものは、教えることも習うこともできないと思う。もちろん、教わり習ったこともそれなりに参考にはなるであろうが、そのコツといったようなものは結局自分自身で会得《えとく》するしかない。

その生きた経営を自得するには、自得する道場というものが必要であろう。そして、その道場は、お互いそれぞれが属している会社であり、商店であり、社会だとはいえないだろうか。

世間に聞く

社員は主任にものを聞く。主任は課長に、課長は部長にというように、それぞれ自分の上司なり先輩の人にものを聞き、教えてもらう。それで物事を理解し、知識を広め、過《あやま》ちなく仕事を進めることができる。

ところが社長とか会長となると、もう上にものを聞ける人がいない。どうすればよいか。そういう場合には、いわば世間の声とでもいうか、世間が今、何を自分なり自分の会社に対し要望しているのか、教えているのかということを、まず聞き取らねばならないと思う。そしてそれに素直に従ってゆけばよいと思う。

私はこの、世間に聞くということが非常に大切なことではないかと思うのである。

ともに歩む

責任はわれにあり

　最近の世の中は、ともすれば何か事があるとすぐ他人のせいにしたがるようだ。世の中が悪いからだとか、だれそれが悪いからだとか責任を他に転嫁しようとする。

　しかし、この際もう少し、責任はわれにありという考え方をすべての人びとがもつようにしなければならないと思う。そうすれば真剣な反省も生まれ、失敗がいろいろな教訓となって生きてくるであろう。当然負うべき責任を他に転嫁するようなところからは、決して進歩発展は生まれてこないと思うのである。

自他相愛の精神

人と人との争い、国と国との争いをなくし、人類に平和をもたらすために大事なことはいろいろあるが、中でもとくに大事だと思われるのは、いわゆる自他相愛の精神というか、互譲の精神を養うということではないだろうか。

ただ、そういう精神は、知識として教えられるだけでは実行に結びつかないと思う。やはり子どものうちから、家庭や学校、あるいは社会の各面で、日々のしつけや教育を通して、体験的に身につけさせてゆくことが肝要だと思う。

武士の証文

　昔、武士の借金の証文には、〝もし返済できなくば、満座の中でお笑いくだされ〟と書かれていたという。武士は人前で恥をかかされるのが死ぬよりつらい。そうすると、この証文のことばは〝自分の命をかけて払います〟という意味なのであろう。

　これが昨今であれば、〝借金を返すよりは人前で笑われるほうがよっぽど得だ〟と考える人もあるだろうし、とにかく命をかけてまで返済するという気風に乏しくなってきたように思う。しかし何といっても借りたものはきちっと返さねばならない。

道徳なき姿が

道徳教育が戦争に結びつくというような議論がある。しかし太平洋戦争当時の日本に、自分を愛するごとく他人を愛する、自国を愛するごとく他国をも愛するという高い道徳があったなら、あの戦争は起こっていなかったかもしれない。

道徳というものが戦争に結びつくのではなく、真の道徳なき姿が戦争を起こすということを忘れてはならないと思う。

誠意と真心

今日では誠意とか真心とかいうと、何か古くさいもののように考える人がある。しかしそれはたいへんな誤りではないかと思う。人間としていちばん尊いのは、誠実に最善を尽くしつつみずからをも生かしてゆくという態度ではないだろうか。

また実際、お互いのそういう態度や精神というものが、知らずしらずのうちに社会生活を支え、職場の生活を支えているのである。

なすべき人が

今われわれ一般人が、ふつう日常の服装で交通違反を注意したり、交通整理をしようとしても、「ジャマだ、どけ」と言われかねない。しかし、ちゃんと制服を着て腕章をつけた交通巡査であれば、皆よく言うことを聞くだろう。つまり、交通整理は、やるべき立場の人がやってこそ、その注意なり指示が受け入れられ、スムーズにゆくのである。

これは、商店や会社、団体、ひいては国家の経営についても当てはまると思う。言うべき人が言い、なすべき人がなす、それが実行されてはじめてそれぞれの経営は成功すると思うのである。

世間に対する義務

人びとが自分の腕をみがき、あるいは人格を高めるということは、自分自身のためであるともいえるが、実はこれは世間に対する社会人としての大きな義務でもあると思う。

他の人がたとえば三段向上したのに自分は一段も上がらなければ、それによって社会全体の平均を下げることになる。そういう社会人としての義務感というか、お互いの連帯意識というものをすべての人びとがもつようになったならば、それだけこの世の中は向上発展することだろう。

強ければ

力の強い者が正しい考えに立っていれば世の中はうまくゆくが、逆に強い者がその力を悪用すれば、そこから混乱が起こる。

経済界でも、トップ企業、リーダー的企業が健全な行き方をしていれば、その業界は必ず栄えているが、そういう会社がいたずらに市場競争に憂身《うきみ》をやつすということだと、業界全体が疲弊する。国際関係またしかりで、大国が正しければ平和が保たれ、そうでなければ世界の安全は脅《おびや》かされる。

だから個人でも企業でも国でも、力ある者ほど他に対して大きな責任を負わされているのだということを自覚し、常に〝何が正しいか〟を自問自答してゆくことが大切だと思う。

豊かな色

思想にしても宗教にしても、これと思うものを信じることはよいと思う。

しかし、それだけにとらわれてしまってはいけないと思う。色でも一つの色だけではさびしい。いろいろな色が入りまじってはじめて、美しい色、味わいのある豊かな色ができる。

思想も宗教も、たくさんあって、それぞれのよさを生かしあってゆくところにこそ、社会の進歩も豊かさも生まれてくるのではあるまいか。

下がるべきもの

物価は経済の成長とともに上がるものだという考え方がある。たしかに一理あると思うが、しかし、手作業から、能率のよい機械を使うようになり、大八車《だいはちぐるま》がトラックに替われば、それだけ製造のコストや運賃も安くなる。つまり生産性が高まるわけだ。だから原則として、物価は時代の進歩発展につれて下がるべきものではないだろうか。

法律の改廃

お互いの社会生活をスムーズにしてゆくために、法律というものはなくてはならない。

しかし日本では、新しい法律をつくることばかり考えて、時代とともにその必要性を失ってきたような法律でもなかなか改廃しようとしない。だからいわば法律が林立し、うっそうとした森となって風も通さなくなる。これではかえって人びとは快適な生活が営めないのではなかろうか。

代償

自動車がほしいからといって、タダでそれを手に入れたいといっても、だれも相手にしてはくれない。やはりお金を払わなくてはならない。つまり、何かを得たいと思えば、それなりの代償が必要だということは、自明の理である。

ところが、最近は、そういう代償を払わずして、自分の要望だけは通そうとするような、いわば〝虫のよい〟ことを考える風潮がかなりありはしないだろうか。

どちらが多い？

お互いが社会生活をしてゆくに当たっては、自分も他にサービスを与えるが、また多くの人からサービスを受けもする。もし、皆が十のサービスを受けて、九しか返さなかったら社会はだんだん貧困になってしまう。社会が繁栄してゆくということは、だれもが十を受けたら十一を返す、それが全体にゆきわたってゆくということだと思う。

わかりきったことのようだが、個人でも、会社でも、自分が受けるサービスの総点よりも、サービスをする総点のほうがプラスになっているかどうか、いま一度反省してみたいものである。

景気不景気は

昔は農産物の豊作、凶作によって景気不景気が起こったのであるが、科学の発達した今日、景気不景気はもはや天然現象ではない。人がつくり出すものである。

本質的には、大きくは政治、またお互い個々の考え如何《いかん》によって景気は自由自在になるのではないだろうか。

物のありがたさ

どんな物にも、それをつくった人の魂がこもっており、それだけの高い価値をもっている。ところが、物が豊富につくられ、ときにはありあまるほどになってきたせいか、最近はともすれば、物のありがたさが軽視される傾向にあるような気がする。

たくさんあるから価値が少ないとか、無造作に使ってもいいなどと考えるのではなく、たとえ一度で使い捨てる物でも、それを使わせてもらうことに対して感謝の気持ちをもちたい。使うほうにそういう気持ちがあってこそはじめて、つくる人も喜びをもってよりよい物を生み出すことができるようになるのだと思う。

社会奉仕の第一歩

社会奉仕ということは、社会人としての一つの大きなつとめでもある。しかし、何か特別のことを行うということよりも、まずみずからの仕事を通じて世に尽くす、社会に貢献してゆく、それが社会奉仕の第一歩ではないだろうか。

わびる

　何か事故を起こしたり、他に損害や迷惑をかけたら、まず何よりもほんとうに心からおわびを言うことである。それは責任を感じるということにも通ずると思う。

　最近は、そういう心持ちというものが多少薄くなっているような気がする。

リーダーを守り立てる

リーダーがリーダーとしての責任感なり指導力を欠いたなら、そのグループの活動はきわめて力弱いものになってしまう。だからリーダーというものには、それにふさわしい自覚と実力が必要なのである。

しかしそれとあわせて大事なのは、グループのメンバーが、リーダーをしてリーダーたらしめるために力を貸すということだと思う。そうでなくて、リーダーをいたずらに批判し、リーダーをして逡巡《しゅんじゅん》せしめるような態度をとるならば、いかにすぐれたリーダーの下にあっても、そのグループはやはり弱いものになってしまうであろう。

一国の政治についても、そのことがいえるのではないだろうか。

対立と調和

万物は対立しつつ調和しているというのが本来の姿だと思う。対立だけでは進歩はあっても、混乱が起こる。調和だけでは安定はあっても、高度の生成発展は望めない。やはり、対立と調和が並び必要なのである。

たとえば、今日、産業界は過当競争になっている面もあるが、これは対立のみ多くして、調和のない姿であるともいえよう。

社会的しつけ

〝しつけ〟ということが最近さかんにいわれているが、その際忘れてならないのは、家庭や学校でのしつけとともに、社会的しつけというか、職場におけるそれであろう。つまり社会人としての、職業人としての自覚なり、責任感を養うということである。

それでは、そういうしつけをだれがするかであるが、会社とか経営者もさることながら、労働組合というものが今日組合員に対してもっている影響力を考えるとき、その果たす役割も非常に大きいのではないかという気がする。

そういうことからすれば、労働組合の指導者の人びとは、組合員の要求を実現させ、その福祉の向上をはかってゆくとともに、組合員に対して、正しい意味の社会的しつけというか、要望をしてゆくことも大切なのではないだろうか。

あすを築く

すべてを生かす

平和は人類全体の悲願であるが、今の世界を見ると、あちこちで深刻な対立や戦争がたえない。その原因はいろいろあろうが、やはりその底には根深い思想の対立というものがある場合が少なくないように思われる。主義主張にとらわれて、一般の人びとを不幸にしている姿ともいえる。

静かに考えてみれば、どの主義主張にも必ず長所短所があるのではないだろうか。だから、そのよいところは互いに取り入れ、対立しつつも調和し、すべての考え方を生かしてゆく。そういうところにこそ、すばらしい発展を生み、豊かな未来を築く道があるのだと思う。

諸行無常

諸行無常という教えがある。今日、一般には〝世ははかないものだ〟という意に解釈されているようだ。しかし、これを〝諸行〟とは〝万物〟、〝無常〟とは〝流転〟、つまり万物は常に変わってゆくものであり、そのことはすなわち進歩発展なのだという意味には考えられないだろうか。

人間の考え方も変われば社会も変わる。政治も国も変わってゆく。これみな進歩。

つまり、諸行無常とは万物流転、生成発展、言いかえると日に新たであれという教えだと解釈したいと思う。

寛厳よろしく

親が何一つ厳しいことを言わないで、甘やかしてばかりいたら、よほど素質のよい子でないかぎり、人間として健全な成長を遂げることはできにくい。やはり打つべきときは打ち、いたわるべきときはいたわる。そのように、いわゆる寛厳よろしく導いてゆくところから人間は正しく育つものであろう。

この〝寛厳よろしきを得る〟ということ、これは幾千年たっても変わらぬ教育の一つの要諦《ようてい》ではないだろうか。

戦争と進歩

戦争をしたことが結果として進歩につながったとか、人類の進歩は戦争によって成し遂げられるものだとかいった考え方があるという。なるほど、長い歴史を見ればそういう見方ができる面もあるかもしれない。しかし、たとえ一面においてそういうことがいえたとしても、それが戦争をしてもよいのだという考え方に結びついてしまってはいけない。

そもそも、戦争のような不幸に遭うことによって進歩を得るということは、まことに知恵のない姿ではないだろうか。人間には戦争をしなくても進歩発展する道が必ずあるはずである。その道を衆知を集めて探し求めてゆくことが、人間に与えられた真に取り組むべき一つの大きな課題であろう。

失敗しても

人間、ときには思わぬ失敗をすることもある。失敗したことに気がつけばすぐに改めるのは当然だが、この場合大事なことが一つあると思う。それは何かというと、改めるということからさらに一歩進んで、まったく新しいものを生み出すということである。そのようにすれば、失敗というものは、むしろ大きな発展につながることにもなるであろう。

〝失敗は成功の母〟ということばも、そんなことを意味しているのではあるまいか。

未来学

最近、未来学というものがさかんであるが、同じ未来学でも、学者のそれと経世家《けいせいか》というか世の中を治めてゆく立場にある人のそれとでは、おのずと違うと思う。学者の場合は、過去を分析した結果に基づく一つの予見であろう。

一方、経世家の場合は、自分の人生観、世界観に立ち、そこに創造性をもって生み出してゆく一つの理想でなくてはならない。言いかえれば、単に将来はこうなるだろうというのでなく、人びとの幸せのためにこういう社会をつくらなくてはならない、そのためにこういうことをしてゆく必要があるといったように、未来をつくりあげてゆくものだと思う。今日とくに必要とされるのは、こうした経世家的な未来学だという感じもする。

創意工夫を

宇宙ロケットが月に着陸し、人間が月面を歩くようになった。このようなことは今まで考えも及ばなかったが、しかしそれがほんとうに実現している。

そのようにわれわれの身辺においては、今日これが最善だと思っていることでも、考え方によっては、まだまだよりよい道がある、まだまだよい方法がかくされている、ということがたくさんあるにちがいない。そう考えて、何事にも創意工夫をこらしてゆくことが肝要だと思う。

変転進歩

人類の歴史は、言いかえれば修正、改訂の歴史であるといってもよいだろう。たとえば、資本主義、自由主義の国家にも、逐次《ちくじ》社会主義的な考えが一部取り入れられており、共産主義社会にも、自由主義のよさが一部取り入れられようとしている。つまりその形態は時代とともに変転進歩しつつあり、昔ながらの理論は、しだいに通用しなくなってきているということであろう。

修正なきところに進歩はない。それが基本の理というものではなかろうか。

税金の効率

税金は高く、それでいて社会環境がそのわりに整っていないという国は、商売であればさしずめ粗悪品を高く売っている店のようなものであって、そういう店は、早晩はやらなくなる。

やはり原則としては優良品を安くというか、住みやすく働きやすい社会を、安い税金で生み出すことが望まれるのであって、そういう国が真に繁栄する国だと思う。

教えなければ

〝衣食足って礼節を知る〟ということばがあるが、礼節というものは〝教える〟ことがなければそれを知ることもできないし、わきまえることもできないと思う。ただこの場合、衣食が不足するような状態では、いくら教えても守られにくいけれども、衣食が十分にあれば守られやすいということはいえるだろう。

今日のわが国では、衣食はもうかなり足りている状態だと思うのだが、礼節を教えるほうは果たして力強く行われているだろうか。

創造力と知恵と

青年には物事を興《おこ》し、創造してゆく力がある。しかし、そのよし悪しを判別するためには、老人の体験を尊重することが大切であろう。

青年の逞《たくま》しい創造力と老人の体験による知恵とが適切に融合されたとき、そこに大きな成果が生まれてくるのではないだろうか。

自分を愛すること

おのれを愛するごとく他人を愛し、仕事を愛し、町や国を愛してゆくことが、ほんとうに自分を愛することなのである。自分の周囲、そして属する団体、ひいては社会がよくならずして、お互いの真の繁栄はないのではなかろうか。

人皆党あり

有名な聖徳太子の十七条憲法の一節に〝人皆党《たむら》あり〟ということばがある。つまり、人が集まれば、そこにおのずからグループとか党派が生まれてくる、それが人間の一つの本性であり、自然の哲理だということであろう。

だとすれば、そういう党派やグループを悪いものとして排斥《はいせき》するよりも、あるがままに素直にこれを承認して、全体のために活用してゆくことが大切なのではないか。昨今、いろいろな団体で〝派閥《はばつ》解消〟が叫ばれているが、派閥は解消すべきものではなく、よりよき方向に生かしてゆくべきものだというのも一つの考え方だと思う。そして、その際必要なのが同じく太子の言われた〝和を以て貴しとなす〟の精神であろう。

先輩たるものは

若い人、とくに少年の人は、やはり先輩とかおとなに対して、知らずしらずに心をひかれるというか、見習ってゆこうという気持ちをもっていると思う。だからその先輩が、人間とはこういうものではないかとか、こうあるべきだと思うとか、人生の意義というものはこういうものであろうというようなことを言えば、若い人も若い人なりにそれを理解し、好ましい姿で成長してゆくのではなかろうか。

ところが最近はそういうことをあまり言わない。そこからいろいろな問題が生じてきているように思うのだが。

一人ひとりが

繁栄はだれしも望むところだが、しかし、これは与えられるものではなく、やはりわれわれ一人ひとりがみずから築きあげてゆくものではないだろうか。われわれ一人ひとりが繁栄への一コマを担っているという自覚をもち、そのために自分は何をなすべきかを考え実践してゆくことが大切だと思う。

一切の物は

見方によっては、世に存在する一切の物は不用ではない、といえるのではなかろうか。人体において不用分として排出された人糞《じんぷん》でさえ、畑にまけば作物をよく育てるのである。青カビも医学分野で用いられるようになったし、ウィルスやペスト菌でさえ、いまに利用する道が生まれるかもしれない。存在価値がありながら、利用の方法がまだ見出せていないために毒物となっている物も数多いだろう。このように考えると、人類進歩の道は無限にあるといってもよいと思う。

目をむいて叱られる

このごろの子どもは、父親や学校の先生から〝目をむいて叱《しか》られる〟といったことが、ほとんどなくなったように思われる。

もちろん叱られないにこしたことはないが、人間の成長期においては、目の玉がとび出るほど叱られることも、時と場合によっては非常に大事なことではなかろうか。

適度というもの

適度とか適正というと、何となくあいまいなようであるが、また一面まことに妙味あることばだと思う。

人間が物を食べるにしてもある一定の限度を超えては、そう食べられるものではない。つまり、そういうものが本能として与えられているわけで、それと同じように、人間の活動、社会の運営の中にも、おのずと適度、適正というものが自然の摂理として働いているのではないだろうか。

人間の知恵で見きわめるのはむずかしいことかもしれないが、やはりお互いに何を行う場合でも、適度、適正というものを求めてゆくことが大事だと思う。

価値を高めて

すべての物は、その物のもつ価値を高めて使わないともったいないと思う。身近にある粘土でも、これをよく練って焼くことによって、一つのりっぱな容器になるのである。

物の価値を高めて使ってゆくというところに人間文化の発達もあるのではないだろうか。

寿命を知って

手押し車や馬車は、ある一定期間を見れば人間に非常に役立っていた。しかし、それらは今日ではほとんど自動車に替わってしまった。科学でも思想でもまた宗教でさえも、人間に貢献する期間というか、いわば寿命というものがあるのだと思う。われわれはすべてのものに寿命のあることを認識し、さらに新しいものを求めてゆかねばならない。そこから、人類の進歩というものが生まれてくるのだと思う。

本質を教える

いわゆる乳母日傘《おんばひがさ》で育てられた昔の殿様は、甘やかされることは知っていても、領民の苦労とか、人心の動きとかを知らない場合が多く、だから、ともすれば暴君になったり、バカ殿様といわれるようになりがちであったという。

しかし、だれかが、たとえばご飯一つにしても〝このお米は、領民が非常な苦労をしてつくったものですよ〟ということを教えるならば、殿様は、〝領民もたいへんだなあ、米一粒も大事にしなければ〟という気になる。

そのように物事の本質を正しく教えるのが教育というものであろう。古来、名君といわれた殿様は、たいていの場合、そういう教えを十分に受けつつ成長したようである。

今日の教育は、果たしてそのように、物事の本質を正しく教え、名君を育てるものになっているだろうか。

人類全体の調和

今日、人間は、月にロケットを着陸させるところまで進んでいる。しかし一方では、この地球上のどこかで、人間が食べるものにも事欠いて栄養失調になるとか、さらには餓死するというような悲惨な姿がある。

同じ時代に住む人間でありながら、どうしてこうも違うのだろうか。結局、人類全体としての調和、協同ということのむずかしさが、そこにあると思う。

しかし、どんなにむずかしくても、人と人とがほんとうに知恵を寄せ、力を合わせて繁栄を求め、幸福を求めてゆけば、人類の共存共栄ということは決して夢ではないと思うのである。

政治を大事にする

仕事に忙しい人ほど

　われわれ国民は、自分の仕事が忙しいからといって、政治に無関心であってはならないと思う。なぜなら、一生懸命に働いたことが正しく十分に報われるかどうかは、すべて政治のよし悪しによって決まってくると思うからである。

　だからその意味では、自分の仕事を一生懸命にやっていればいるほど、一方で政治にも深い関心をもち、よりよい政治を生み出すために大いなる努力をする必要があるといえるのではないだろうか。

政治家に魅力を

よい政治を生むには、よい人が政治家になることが最も大切であろう。とくに、前途有為の青年が、次々と政治家を志し、日夜研鑽《けんさん》を重ねつつ識見を高めてゆくことが非常に大事だと思う。

ところが、昨今のわが国では、政治家を志す若い人びとがきわめて少ないようだ。これは、一つには政治家というものに魅力がないからだともいわれるが、いずれにしても決して望ましいことではあるまい。お互い政治家も国民も、どうすればすぐれた若い人びとが進んで政治家を志すようになるかということを、真剣に考えあってゆかなければならないと思う。

要望あれば

需要のあるところに供給が生まれるように、要望のあるところに成果が生まれる。

たとえば、需要家の強い要望なしには工場からよい製品は生まれ出ないだろうし、政治にしても、われわれ国民が要望を出さなければ決してよい政治は行われないだろう。

一人の力

越後の国主、長尾為景《ながおためかげ》が死んで、優柔不断の息子晴景《はるかげ》の代になったら、それまでうまく治まっていた越後の国が急に乱れ、争乱うずまく状態になったという。これはつまり、一人の力が、国を興《おこ》すことにも滅ぼすことにもなる、それほどに、頂点に立つ人は大きな影響力をもっているということであろう。

その影響力の大きさは、今日の民主主義社会でも、そう変わりはないと思う。国にかぎらず、会社なり、学校、家庭においても、頂点に立つべき立場にある人がしっかりしていれば、だいたいにおいて事はうまく進んでゆく。そのことを、指導的立場にある人は、十分認識していなければならない。

国民に知らせる

一つの会社で、社長が今、何を感じ何を考えているかということを社員に知らせることは非常に大事だと思う。それが行われなければ、社員は希望もわかないし、はりあいももちにくい。いきおいその会社は発展しないということにもなりかねない。

国家でもそれと同じだと思う。指導的立場にある者が、どういう国家経営をしようとしているか、国民に何を求めているかをはっきりと訴えるのでなければ、国民も非常に迷ったり不安をもつということになってしまうだろう。

民主主義を生かす

民主制度と封建制度とどちらがよいかと聞かれれば、だれしも民主制度と答えるであろう。しかし、封建制度でも名君が出れば政治はうまくいったというし、民主制度でも国民が主権者としての自覚をもたなければ、うまくゆかない場合もある。

どんな制度でも、その制度自体だけで完全というものではない。民主主義でもお互い国民に高い良識と強い責任感があって、はじめて生きてくるのだと思う。

追及しあってこそ

議会においていつも追及され、責められるのは政府なり与党で、追及するのは野党と相場が決まっているようだ。けれども私は、その反対の姿もあっていいのではないかと思う。

与党も野党もともに議会に席をおく以上、国民の福祉を高めることについていわば共同の責任がある。だから、政府、与党がいい方策を考えつかないという場合は、野党にたずね、追及すればよい。

いい知恵を集めるには、やはりお互いに追及しあうという姿が大事であろう。せっかく議会というものがあるのだから、そこで野党の好ましい知恵を大いに追及すればよいと思う。

政治に関心を

主権在民というが、国民はもっと政治に関心をもたなければいけないと思う。千両役者でも、観客がソッポを向いていればやる気がなくなるように、政治家も国民が無関心だと、はりあいがなくなってしまう。それではよい政治はできないであろう。

毎朝、国民が「おはようございます。お互いに政治を大事にしましょう」というようなあいさつをかわしあう。それほどまでに政治への関心が高まるならば、政治家も大きなはりあいを感じるであろうし、そこからより好ましい政治も生まれてくるのではないだろうか。

苛斂誅求

　封建時代には殿様や領主が、税金を一方的に決めて取り立てた。そして、それが苛酷《かこく》なもので、いわゆる苛斂誅求《かれんちゅうきゅう》がなされると、そこに領民の反抗が起こって、ときには藩《はん》をつぶす結果にもなったという。だから心ある領主はつとめて善政をしき、税金をできるだけ安くするよう心がけたのではないかと思う。

　ところが今日は、民主主義のもと、主権者である国民によって選ばれた代表者が税金を決める。そうなると、税金が非常に高く決まっても、その責任の所在があいまいになってくる。苛斂誅求されるのも、するのも、どちらも国民自身だということもいえるから、不平のもってゆきどころがない。

つまり、民主主義においては、主権者がよほど自覚しないと、かえって封建時代よりも苛斂誅求が容易に行われる危険があると思うのである。

宣伝省

どんなによい商品をつくっても、それを世の人びとが知らなければ、買ってはもらえない。せっかくの良品を人びとの生活に役立ててもらうためには、やはり〝こんないいものがあります。ぜひお使いください〟ということを正しく知らせなければならない。広告宣伝の意義はそこにあると思う。

これは、国の政治の場合でも同じことではないか。政府がどんなにいい政策を考えても、それを国民に十分知らせなければ、国民はそのよさがわからない。政府の宣伝が正しく十分に行き届いてこそ、国民は、その政府のつくった商品を買うというか、政策に賛成、協力をすることにもなるのだと思う。

そういうことを考えてみると、たいていの民間の会社に宣伝部があり、これに相当の力が入れられているように、国にも宣伝省というものをおいて、国民のために政府の正しいほんとうの意図を知らせるというようなことが、もっとあってもいいのではないかという気がする。

政治の権威

この世の中に、正しいことは正しいと認められ、正しくないことは直ちに改められてゆくという好ましい風潮が生まれるには、何よりもまず、政治の上においてそういう姿が生まれなければならないと思う。

政治に、そのような是非善悪のけじめをはっきりするという毅然《きぜん》たるものがあれば、それがしだいに国民全体に及んでゆくであろう。そこにこそ、政治の権威というものが尊ばれるゆえんがあると思うのだが、今日のわが国では、そういう政治の権威がいささか薄くなってきているのではないだろうか。

アメリカの閣僚

アメリカでは、大統領は選挙で選ばれるが、閣僚には議員でなく、ほとんど民間出身者が就任し、その多くは経済人であるという。そのことの是非は一概にはいえないと思うが、一面に、それによって国家の運営の上にも企業の経営と同じように、経済性が追求されるという姿が生まれていることも事実であろう。

そのことも、アメリカの高い国民所得をもたらした一つの原因であるといえるのではないだろうか。

方針の変更

終戦直後は非常な食糧不足だったから、政府は主食であるお米を少しでも多く生産しようと、いろいろと積極的な優遇、奨励策をとった。それは当時としては適切な施策で、だからお米もどんどん増産されて、十分足りるようになってきた。

そうなったときに、生産奨励という方針に何らかの変更が必要ではなかったろうか。それがなされなかったことが、今日お米があまって、消費者も生産者も困るという事態を生んだのであろう。

時代なり、状況が変われば、それに応じて方針を変更することが必要であり、その時期を誤らないことが、政治の大事なポイントだと思うのである。

政治の生産性

経済界において、経営の合理化など生産性の向上が叫ばれているように、政治の各面においても、仕事の合理化、適正化、すなわち政治の生産性を高める必要があると思う。

政治の生産性向上の成果は企業のそれの比ではなく、国家社会全体に大きな影響を及ぼすものである。それだけに政治の上にこそ生産性ということが大切ではないだろうか。

せっかくの機会

国会において、議員の質問を受けた大臣が答弁をする。その答弁は、かたちの上では質問した議員に対して行われるけれども、実際はその背後にいる国民全体に対してのものというべきであろう。なぜかといえば、その議員は選挙によって選ばれた全国民の代表なのだから。

したがって、議会で質問を受けるということは、大臣から見れば、自分の所信を国民全体に示す絶好の機会だと思う。日ごろ考えている方針、方策を広く国民に訴え、協力を求める何よりの好機だと考えられる。

ところが、この点、昨今の国会ではともすれば国民の存在が忘れられ、個人の議員とかその所属している政党とかに対する答弁に終わっているきらいがありはしないだろうか。

もしそうだとすれば、せっかくの機会を生かしていないわけで、まことにもったいないことだと思う。

政治家と体力

政治家は体力がなければつとまらないといわれている。たしかに政治家の仕事は非常な激務であり、それだけに、相当な体力を要するとも考えられよう。

しかし、政治は相撲《すもう》のようなスポーツではないのである。だから、たとえ身体の弱い人であっても、高き識見によって、真に国民に繁栄をもたらす政治ができるはずだと思うし、またそうでなくてはならないと思う。

単独審議というが

単独審議ということがよくいわれる。しかし議員が二人いれば、すでに単独審議とはいえないのではなかろうか。というのは、それぞれの議員は、一人ひとりが本質的には全国民の代表であって、政党の代表ではないわけである。だから、一つの政党に属する議員たちだけで審議することを単独審議と呼ぶのはほんとうは当たらないと思う。

議員もまた国民も、そういう認識をもつことが必要ではないだろうか。

伝統の精神

それぞれの国にそれぞれの歴史があり、その中でつちかわれた特有の伝統精神というものがある。だから、外国から新しいものを取り入れる場合でも、そうした伝統の精神を基盤として、みずからの国情に十分即したかたちにこれを消化吸収し、独自の新しい、より高いものを創造してゆくことが肝要であろう。それを忘れては、どんなりっぱなものを取り入れても、いわゆる〝根なし草〟に終わってしまうと思う。

今日、わが国の民主主義のあり方について、いろいろ問題が起こっているのも、一つには民主主義というものを取り入れるに当たって、これを日本の伝統精神の上に生かすという点で、多少欠けるところがあったためではないかという気がするのである。

一歩先行して

政治というものは、本来、必要に迫られて何か手を打つというよりも、迫られる前にその必要性を予測して、一歩先行して行うべきものだと思う。

今日のわが国の政治を見ると、どうもそういう点が遅れているように思うが、これは、やはり政治家なり国民の政治に対する考え方に、まだまだ厳しさが足りないからではないだろうか。

少数の暴力

よく、少数意見が無視された場合〝多数の暴力〟ということがいわれるが、最近の世の中には逆に少数の者が暴力的な言動をもって、多数の意見を押し切り、全体を牛耳《ぎゅうじ》ってしまうという姿も往々にして見受けられる。

これは多数の横暴以上に好ましくない姿であるが、こういう事態が生ずるのも、やはり多数の者が高みの見物というほどではないまでも、無関心でいることによるのではないだろうか。〝少数の暴力〟は結局、全員の責任だと思う。

国全体の立場で

われわれは自分の立場に立って政治を論評するということも結構だが、やはりその一方で、国全体の立場というか国家的な見地でもっと政治を考え、これを大事にしなければならないと思う。

たとえば、国民は政治家にもっと敬意をあらわさねばならない。また政治家も敬意をあらわされるよう、ほんとうに国家国民のため、熱意を傾けて政治に取り組まなければならない。そうすれば、そこからよりよき政治も生まれ、国民の福祉も向上してくるであろう。

どういう社会に

企業経営にしろ国家経営にしろ、五年先なり十年先にはどういう社会になるだろうかという見通しを立て、それに対処する道を考えてゆくことが必要である。しかし、それとともに、いやそれ以上に大事なことは、事業家として、政治家として、五年先、十年先にはこういう情勢をつくり出してゆかなければならないという一つの事業観、社会観ともいうべきものをもっていることだと思う。

単に社会がどう変わってゆくかという見通しをもつだけでなく、どういう社会にしてゆくべきかということを考える。そういういわば哲学をもった上で、時の流れに対応してゆくというのでなければならないであろう。

政治研究を

産業界では、それぞれ年に何億円とか何十億円という大金を投じて技術研究をしている。ところが、今日のわが国の政界では、政治研究とか政策研究というものが、どれほど真剣になされているであろうか。なされてはいるだろうが、何か非常に力弱いような感じがする。

政党なり政治家というものは、もっと政治研究、政策研究に大きな力を投入し、常に政策が国家、国民全体の繁栄、発展を生むように方向づけられているというような、高い政治理念を養っておくことが大切だと思うのである。

庖丁なしには

「料理をせい、しかし庖丁《ほうちょう》とかそういう道具を使ってはいかんぞ」と言ったら、どんな名人でも料理はできない。

それと同じように、一つの会社なり団体なり、あるいは国家にしても、その経営を任された人が、それにふさわしい権限というか、権力というものを与えられなかったら、いかにすぐれた人でも経営はできにくいだろう。

現在、一部には、権力というようなものは、民主主義に反するのだという考えが見受けられる。しかし、もしそういう考えに従って、一切の権力とか権限を認めなかったら、民主主義のもとでは団体の運営も国の政治も成り立たないということになってしまうと思う。

もし、庖丁をあずけられた料理人が、それを悪用して人を刺そうとでもしたら、そのときには取りあげたらいい。それができるのが民主主義というものではないだろうか。

価値あるものは

自然界に無尽蔵にあるものは例外であるが、ものというのは原則として必要性のあるものほど価値あるものと考えてよい。

人間の場合も同じことがいえよう。会社にとっても国家にとっても、必要な人物はその価値が認められ、それ相応の処遇がなされなければならないし、優遇されている人物はより意欲的に働かねばならない。

さしずめ、総理大臣なら、たとえば一億円の月給で優遇してもよいと思う。うまく政治がなされると、国家、国民にそれ以上のものをもたらすからである。それくらい首相というものは重要大事なものだといえよう。

日本を考える

世界に貢献を

仏教はインドで生まれたけれども、そのインドではその後衰微し、かえって日本において一つの精神文化として大いに隆昌《りゅうしょう》を見た。西欧で生まれた科学技術にしても、日本はこれを消化吸収し、その上に新たな創造をつけ加えて、先進国の仲間入りをした。

だから、日本人はある一つのよい種をつかめば、それを自分の土壌に植えつけ、りっぱな花を咲かせ、実を結ばせる、そうしたすぐれた特質をもっていると考えていいのではないか。

しかし、これからはそれだけではいけないと思う。こんどは、みずから新たな思想なり技術なり、そういうものを生み出して世界に貢献してゆく、いわば今までの恩返しをしなくてはならないと思うのである。

適度なスピード

自動車を時速三〇キロで走らせれば、スピードはゆるいが安全度は高い。ところが一〇〇キロにすると、どんどん進むかわりにそれだけ事故も起こりやすく、危険度も高い。戦後の日本の経済成長はちょうどそれと同じで、一〇〇キロでビュンビュンとばして、三〇キロでゆっくり進んでいる先進諸国に追いつき、ある面では追い越した。しかしその反面、いろいろな歪《ひず》みやアンバランスが生じてきているというわけである。

だから、このへんで三〇キロにまではしなくとも、せめて五、六〇キロの適度なスピードに落として、そしてもろもろのアンバランスを是正しつつ、堅実な成長発展に切りかえることが望ましいのではなかろうか。さもないと、どこかで大きな事故を起こしかねないような気がするのである。

相手を知る

わが国が今後、世界各国への輸出をますます盛んにしてゆかなければならないことは言うまでもないが、そのためには何といっても相手国が何を求めており、どういうものを必要としているかといった実情を十分に知ることが大切だと思う。

身体は日本国内にあっても、心は相手国内をかけめぐっている、そういう状態で、その国の真の姿というものをすみずみまで知り尽くしてこそ、相手の要望にも応え、ひいてはわが国にもプラスするという、好ましい輸出が可能になるのではないだろうか。

十年もたてば

今日はテンポの速い時代である。ある意味では今の一年は徳川時代の十年、二十年に当たるといえよう。だから法律とか制度といったものが、制定されて十年もたつと実情に即さなくなってきたり、お互いの活動の妨げになるということもまま起こってくる。

したがって、そういうものは三年なり五年なりに一度、これを検討し、必要があればその時代にふさわしいように適宜、改正変更してゆくことが大事だと思う。

法律や制度にかぎらず、ときにはわれわれの周囲をそういう観点から見直してみることも必要であろう。

治に居て乱を忘れず

今の日本の状態には、一面太平ムードというかレジャームードに酔っている傾向もあるようだ。これも一面から考えると結構な姿だと思うのだが、けれども、世に太平ということがそう長く続いた例はほとんどない。例外的に、徳川時代は戦乱もなく三百年続いたというが、それを除くと全世界のどこかではたえず戦争をしている。現在でも、戦争は随所に起こっている。

そういうことを考えると、われわれが今日太平ムードに酔っていられるのは、いわば瞬間的な状態ではないかと思う。長い歴史の中の一瞬間である。次の瞬間には動乱、怒濤《どとう》のような状態に国家、社会がなってゆくかもわからない。

だから、われわれは、〝治《ち》に居て乱を忘れていた〟ということのないよう十分心しなくてはならないと思うのである。

正当に服する

最近、〝不当な支配や干渉には服さない〟ということがよくいわれる。私はそのこと自体は悪いことではないと思うが、しかし、昨今の世相には、支配や干渉を避けることに急なあまり、何でも一方的に不当だと片づけてしまう傾向があるような気もする。

考えてみれば、不当な支配に服さないということは、裏返せば、正当な支配には服するということであろう。だから、不当を排するとともに、正当なことには服するという態度、心構えが大事だと思うのだが、その大事なことがいまひとつなおざりにされているのが今日のわが国の実情ではないだろうか。

すぐれた素質

日本の鉄鋼生産は年一億トン近くになったという。これは総生産量では世界第三位だが、一人当たりにするとソビエトを抜き、アメリカを抜いて第一位だといってもよい姿である。そして、その鉄は品質もよく値も安い。しかも、鉄鋼の原料である鉄鉱石や強粘結炭は、ほとんど海外から輸入しているのである。

戦争ですっかり生産設備を破壊されて、ほとんどゼロから出発して、わずか二十余年でこれほどの成果をあげた。それだけのことを成し遂げえたということ一つをとってみても、日本人、日本民族というものは、まことにすぐれた素質をもっているといえるのではないだろうか。

この三点さえ

ヨーロッパを旅行して感じることの一つは、国によって多少の差はあるが、概して、万事テンポがゆるやかで、何年ぶりかで行ってもそう大きな変化が見られないということである。これは、日本の進歩発展とくらべると非常な違いがあるように思われる。どちらがよいとか悪いとかいうことではないが、一面に日本という国はすばらしい国であり、日本人はすぐれた素質をもつ偉大な国民だということもいえるように思う。

これで、もし、政治にもっと一本のスジが入り、お互い国民の公徳心がさらに高まり、そして国際的な交際というか社交といった面がいま少し洗練され、上達したならば、日本は世界でいちばんいい国の一つになりうるものをもっているのではないか。そんなことを、強く感じるのである。

価値ある物を

国産愛用という主張があるが、各国があまりそのことを強調してゆけば、世界貿易は停滞し、それぞれの国の発展も損なわれてしまうだろう。だから国産愛用にとらわれるのではなく、お互いが自主的に価値ある物を認識し、外国の物であろうと日本の物であろうと、よい物を買うようにするということが大切だと思う。それが日本の製品であればよし、そうでなくてもまたよいのではなかろうか。

要は企業が努力して、価値ある物をつくればよいのだと思う。

日本語を大切に

　われわれが日常何の気なしに使っている日本語は、考えてみれば先祖代々の残してくれた貴重な遺産であり、その中には何百年、何千年にわたる歴史、伝統がこめられているのである。そう考えれば、お互いにこれを決して粗末にしてはならないと思う。日本語を愛し、それを正しく用い、さらにそのよさ、美しさを練り鍛えつつ後代に伝えてゆく。それは今日に生きるわれわれの一つの大切なつとめだとはいえないだろうか。

自然を生かす

観光開発ということは、より多くの人びとが自然を味わい、楽しむために一面必要であろう。ところが最近ではそれが往々にして、せっかくの自然を破壊するという好ましからざる結果をもたらしている。

最近、ある景勝地を訪れたところ、そこでは湖の景観を損なわぬよう、ボート一隻《せき》たりとも浮かべるのを許していないとのことであったが、そういう配慮は非常に大事であろう。日本は豊かな自然の風光に恵まれているのだから、これを大切にし、その開発に当たっても、自然を前よりもいっそう生かし、調和ある美しい姿を生み出すということでなくてはならないと思う。

体質を丈夫に

われわれの周囲には、結核菌やカゼのウィルスなどがウヨウヨしているという。だから栄養がしっかりとれていて、身体の丈夫なときはそう簡単には病気にかからないが、いったん栄養状態が悪くなり、身体が弱るとすぐ病気になってしまう。

こういう菌ともいえる要因は社会のいたるところ、企業にも国家にも、すきあらば襲いかかろうとしている。それだけに、まず企業の体質、国家の体質を常日ごろから丈夫にするよう努力することが必要ではなかろうか。

警察の声

お互い国民の生命や生活を守り、社会の秩序を守るのが警察の使命である。これはまことに尊い使命だと思う。ところが、今日のわが国においては、警察の行動に対してことさらに批判の目を向けることはあっても、その使命遂行に進んで協力しようなどとはあまり考えられていないような気がする。

なぜこのように、警察に対する理解、認識が薄いのだろうか。私は、一つには、警察自体がみずからの尊い使命を広く国民に理解、認識してもらおうというような努力を、あまりしていないからではないかという感じがする。今日、警察は、みずからの使命とその使命に立って言うべきことを、もっと声を大にして広く訴えてもいいと思う。

自主独立

困ったら必ず助けてくれるという約束があれば、安心といえば安心であろうけれども、しかし、それをもって理想的であるとしてはならないと思う。やはり、困ってもみずからの力で何とか切り抜けるというのが、人にしても団体にしても、あるいは国にしても理想の姿であろう。

もはやりっぱに自主独立しているわが国の自衛というか防衛というものについても、お互いそういう観点から素直に考え直してみるべきときではないかと思うのである。

日に新た

流れる水はくさらない、というが、かつての学園紛争は、一つには大学の中に〝水の流れ〟が十分でなかったところに、その原因があったのではないだろうか。つまり、大学における学問研究というものは日進月歩しているが、大学運営の理念とか、制度なり機構の面で、時代に即した日に新たなものが必ずしも十分に生み出されていなかった。だから学生の間にもろもろの不平不満が生じて、それがああいう紛争に結びついたということもあったと思う。

大学にかぎらず、企業の経営においても、さらには一国の政治においても、この〝水の流れ〟〝日に新た〟ということがきわめて大事だといえよう。

人材育成の要諦

〝企業は人なり〟というとおり、企業にとって人材の育成ということは非常に重要なことである。しかし、人を育てるといっても、何がなしに会社を経営しているというような経営体では、なかなか人は育ちにくい。やはり、会社の目的、使命観というものがはっきりして、そこに経営の理念が打ち立てられていてはじめて、そういうものに即して人を育ててゆくことが可能になるのだと思う。

国の場合も同じことで、日本の国としてりっぱな国民を育ててゆこうとすれば、国そのものの旗印というか、国家運営の基本理念をはっきり確立することが大切であろう。

犬の世界に

犬の世界にライオンが入ってくれば、犬の世界の秩序はつぶれるだろう。

人の世界においても同様である。だからライオンのような暴力とか圧力というような力が生まれて社会の秩序を乱すことのないよう、常に正しい力が発生するような基盤をつくり、それを強固にしてゆくという努力を国民が協力して行なってゆかねばならないと思う。

農業人口の比率

世界百数十カ国の中には、全人口の六パーセントの農業人口でその国の食糧をまかない、そしてまだ余剰を出している国もあれば、全人口の七〇パーセントで農業を営み、それでも自国の食糧さえ十分にまかなえない国もあるという。

地形、風土にもよると思うが、一般に国の政治が安定し、経済、文化が進展すれば、だんだん農業人口の比率は少なくなってゆくように思われる。そういうところに一つの目安をおいて、わが国も少ない農業人口で十分食糧をまかなえるよう努力することも、繁栄への一つの方策であろう。

奉仕の気持ちで

日本が今後さらに経済発展を遂げ、他国の発展のために力を貸してゆくという場合、大事なことは、あくまでも謙虚に、奉仕の気持ちをもってこれに臨むということだと思う。

個人でも、「自分は才能もすぐれているし、体力も強い。だから、面倒《めんどう》を見てやるから自分に従え」と言われれば、だれでも反発を感じてしまう。

しかし、〝これだけ身体が強く、才能もあるということは、いわば天の恵みである。だからこれはまことに感謝すべきことで、ひとつ自分としては、この恵まれた力をもって大いに他に対して奉仕してゆこう〟という気持ちで臨むならば、たいていの人は快くそれを受け入れてくれるだろう。

日本人みんながそのように考えるならば、どんなに日本の国が発展しても、他の国から非難されるようなことはあまり起こらないのではなかろうか。

千載一遇の好機

これまでの歴史の中で、困難な時代というのは幾度もあったろう。しかし、ある意味では今日ほど、むずかしい、たいへんな時代はないのではなかろうか。

大国といわず小国といわず、先進国といわず新興国といわず、ほとんどの国が、いろいろなかたちで政情不安に悩まされている。しかも、昔であればそういうことも一つの地域、一つの国という狭い範囲にとどまりえたが、現在では、あらゆることが瞬時にして世界のすみずみにまで伝わり、それが影響しあって、お互いの不安を高め、動揺を大きくする。まことにかつてない非常時であり、動乱期だといってよいであろう。

だから、今日に生きるわれわれは文字どおり一寸先は闇とでもいう状態である。平穏無事の世の中なら、安心してそれぞれの仕事に専心し、自分の畑だけを耕していればそれでいい。ところが、社会の姿がこのように流動し、変転きわまりなくては、せっかくの自分の働きなり努力も十分な成果を生みえないかもしれないし、その成果すらも一瞬にして無に帰しかねない。考えてみれば、実に頼りないというか心もとない気がする。こういう状況では、だれしも不安を感じ、動揺するのは一面当然すぎるほど当然である。

だが、しかし、ここで考え方を変えてみたい。〝こんな時代に生まれあわせたことはまことに幸せではないか〟と。困難であり、不安定な時代である。それだけにこれと対決し、事をなしてゆくということは、非常にむずかしいけれども、それはまた実におもしろい、やりがいのあることではないだろうか。

見方によっては、われわれは今、千載一遇《せんざいいちぐう》の好機に恵まれている。困難が多いからこそまことに生きがいのある時代なのだ。

そういうところに思いを定めて、これに対処してゆくことが大切なのではないだろうか。

〈著者略歴〉
松下 幸之助（まつした・こうのすけ）
パナソニック（旧松下電器産業）グループ創業者、ＰＨＰ研究所創設者。明治27（1894）年、和歌山県に生まれる。９歳で単身大阪に出、火鉢店、自転車店に奉公ののち、大阪電燈株式会社に勤務。大正７（1918）年、23歳で松下電気器具製作所（昭和10年に松下電器産業に改称）を創業。昭和21（1946）年には、「Peace and Happiness through Prosperity＝繁栄によって平和と幸福を」のスローガンを掲げてＰＨＰ研究所を創設。昭和55（1980）年、松下政経塾を開塾。平成元（1989）年に94歳で没。

[新装版]思うまま

2010年7月7日　第1版第1刷発行
2024年4月8日　第1版第9刷発行

著　者　松下幸之助
発行者　永田貴之
発行所　株式会社ＰＨＰ研究所
東京本部　〒135-8137　江東区豊洲5-6-52
ビジネス・教養出版部　☎03-3520-9619（編集）
普及部　☎03-3520-9630（販売）
京都本部　〒601-8411　京都市南区西九条北ノ内町11
松下幸之助.com　https://konosuke-matsushita.com
PHP INTERFACE　https://www.php.co.jp/
装　丁　印牧真和
組　版　朝日メディアインターナショナル株式会社
印刷所
製本所　図書印刷株式会社

ISBN978-4-569-77308-7